Frank · Ideen zeichnen

Konzept und Beratung der Reihe Beltz Weiterbildung

Prof. Dr. *Karlheinz A. Geißler*, Schlechinger Weg 13, D-81669 München.
Prof. Dr. *Bernd Weidenmann*, Weidmoosweg 5, D-83626 Valley.

Hans-Jürgen Frank

# Ideen zeichnen

Ein Schnellkurs für Führungskräfte, Mitarbeiter, Coaches, Moderatoren und alle, die echten Dialog brauchen

Beltz Verlag · Weinheim und Basel

Wer Interesse hat erhält zusätzliche Informationen
unter www.dialogarchitektur.de
oder beim Autor Hans-Jürgen Frank.
E-Mail:frank@dialogarchitektur.de.

*Widmung:*
Gerne möchte ich dieses Buch meinen Kunden in Unternehmen und Organisationen widmen. Sie haben es mit viel Begeisterung verstanden, Zeichnen nicht als Illustration, sondern als ein Werkzeug für einen ganz besonders effektiven wohlwollenden Dialog einzusetzen und als ein Mittel für die Verbesserung der Zusammenarbeit. Dies ist gerade in Zeiten der Krise und der Globalisierung besonders notwendig. Dafür möchte ich mich bei Ihnen bedanken!



**Jokers Sonderausgabe**

Lektorat: Ingeborg Sachsenmeier


www.beltz.de
Herstellung: Klaus Kaltenberg
Satz: Druckhaus »Thomas Müntzer«, Bad Langensalza
Druck: Druckhaus Beltz, Hemsbach
Umschlaggestaltung: glas ag, Seeheim-Jugenheim
Umschlagabbildung: zefa visual media gmbh, Düsseldorf
Zeichnungen: Hans-Jürgen Frank, Dialogarchitekt®, München
Printed in Germany

ISBN 978-3-86800-251-5

# Inhaltsverzeichnis

# Einführung

## Eine besondere Art des Zeichnens

Seit Jahren arbeite ich mit Bildern, um Gespräche und Arbeitssitzungen in Unternehmen, internationalen Organisationen und Regierungen schneller und effektiver zu machen. Was ich in diesem Buch berichte, hat begonnen mit dem Zeichnen von Storyboards für das Fernsehen und für Filme und ist gewachsen mit der Arbeit in verschiedenen Berufsfeldern, in denen ich unterschiedliche Visualisierungsansätze kennen gelernt habe.

*Visuelles Dialogwerkzeug*

Zeichnen wurde für mich auf diesem Weg zu einem visuellen Dialogwerkzeug. In diesem Sinne habe ich viele Arbeitssituationen, Projekte, Vorträge, Seminare, Workshops, Diskussionen und Veranstaltungen mit Bildern begleitet oder gestaltet.

*Schnelles zeichnen ...*

Diese Art des Zeichnens hat für mich ganz eigene Qualitäten. Es ist ein schnelles Zeichnen, das Inhalte aus dem Gesagten oder Gedachten unmittelbar festhält. So entstehen Bilder aus Piktogramm-Elementen und Stichworten, oft ohne vorherige Skizze oder Entwurf. Das Gezeichnete ist sofort fertig und wird nur geändert, wenn es im Dialog von einem Gesprächspartner gewünscht wird, um einen Inhalt richtig zu stellen, Beziehungen zwischen Gesichtspunkten zu korrigieren, Wissensstrukturen zu ergänzen oder treffender zu zeigen. Zeit für formale Verbesserungen gibt es kaum.

*... ohne formale Verbesserungen*

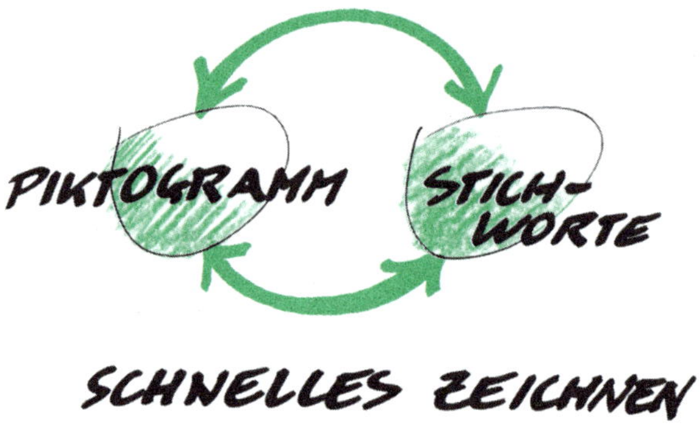


### Zeichnende Moderatoren, Trainer, Führungskräfte, Lehrer und ...

Wenn ich in Arbeitssitzungen zeichne, wird mir von Teilnehmern und Kunden immer wieder eine Frage gestellt: »Kann man das Zeichnen eigentlich lernen?« Und meist wird ergänzt: »Wenn ich doch auch so zeichnen könnte!« Inzwischen kann ich eine klare Antwort geben: »Ich bin überzeugt, dass jeder das Zeichnen als Mittel für den Dialog bis zu einem gewissen Grad erlernen kann.« Damit ist jeder gerüstet für den Einsatz als Moderator, Trainer, Führungskraft oder Lehrer. Zur Verdeutlichung eine kleine Begebenheit:

*Zeichnen kann man lernen*

Johann G. zeigt auf ein Bild an der Wand und sagt: »Lassen Sie uns zusammenfassen, welche Ergebnisse wir bei unserem Workshop erarbeitet haben.« Er zeigt mit dem Zeigestab auf ein Piktogramm, das neben vielen anderen Zeichnungen an der Wand hängt. Er führt den Zeigestab von einem Bild zum anderen, als würde er eine Spur durch diese Bilderwelt verfolgen. Vor Johann G. stehen die Teilnehmerinnen und Teilnehmer seines Workshops und hören aufmerksam zu.

Von Zeit zu Zeit kommt von einem der Zuhörer ein Hinweis oder eine Frage zu einem der Bilder, die während des Workshops entstanden sind.

Später sagt Johann G. zu mir: »Das war ja toll, wie wir den ganzen Workshop nachvollziehen konnten, wie wir da am Schluss noch die gesamte Diskussion präsent hatten. Toll, so einen Überblick mit Bildern zu haben und im Zusammenhang alles zu sehen, was erarbeitet, diskutiert und beschlossen wurde.«

*Überblick mit Bildern*

Als fast alle Teilnehmer gegangen sind, nimmt mich Johann G. beiseite und sagt: »Dieses Zeichnen, das würde ich auch gerne können! Aber ich bin dafür ganz ungeschickt!« Nach kurzem Nachdenken setzt er hinzu: »Wenn ich das könnte, dann würde ich in kleinen Arbeitssitzungen und für mich selbst mehr mit Bildern arbeiten. Es geht einfach nicht, dass ich dafür extra jemanden hole, der mitzeichnet und visuell moderiert!«

Eines Tages erhielt ich dann einen Anruf von den Teilnehmern des Workshops. Sie hatten sich zusammengetan und ein Zeichenseminar bei mir bestellt. So bin ich dazu gekommen, konkret zu überlegen, wie man das Zeichnen lernen und wie ich dies anderen Menschen vermitteln kann. Seither habe ich mehrfach solche Seminare veranstaltet. Es zeigte sich, dass fast jeder das Zeichnen so üben kann, dass er in der Lage ist, ohne Schwierigkeiten die unterschiedlichsten Inhalte anschaulich in Bildern darzustellen.

Das heißt nicht, dass jeder zu einem Künstler wird. Unterschiedliche Personen werden die Fähigkeit des Zeichnens zu unterschiedlich großem Können bringen. Aber jeder kann so viel über das Zeichnen lernen, dass er komplexe Themen, Gedanken und Erfahrungen für andere verständlich machen kann.

*Tricks zum Lernen*

Dies gelingt auch Ihnen, wenn Sie ein paar Tricks und Regeln befolgen, die in diesem Buch zusammengefasst sind. Und wenn Sie die beschriebenen Übungen machen.

## Eine Arbeitsgruppe mit vier Personen – oder warum ich Bilder mache

Die erste Übung in meinen Zeichenseminaren ist folgende: Ich bitte meine Teilnehmer, eine Arbeitsgruppe mit vier Personen zu zeichnen. Ich selber zeichne auch. Anschließend schauen wir uns die Ergebnisse an.

Dabei entstehen natürlich die unterschiedlichsten Zeichnungen:

Manche Teams arbeiten schon lange zusammen und werden dies vermutlich auch weiterhin tun, daher stehen sie in der Zeichnung eng zusammen. Anders sieht dies aus, wenn sich eine Gruppe nur für eine spezielle Projektarbeit trifft.

Farbe bekennen

Aus den Beispielen können wir Folgendes sehen: Wenn wir versuchen, Inhalte bildhaft darzustellen, erleben wir, dass das Bild uns zusätzliche Fragen stellt, die wir in einer verbalen Aussage unbeantwortet lassen können. Wir müssen »Farbe bekennen«: das, was wir zeichnen, wirklich genau definieren.

Das eine Bild fragt uns: Bekommen alle Personen dieser Arbeitsgruppe dieselbe oder unterschiedliche Farben? Das könnte zum Ausdruck bringen, dass alle Mitglieder gleiche oder unterschiedliche Ziele verfolgen oder dass sie zu gleichen oder zu unterschiedlichen Themen gehören.

Tatsächlich habe ich oft erlebt, dass jemand in einem Workshop sagt: »Wir sind eine Arbeitsgruppe mit vier Leuten, und niemand würde wagen nachzufragen, was das bedeutet. Denn jeder weiß doch, was eine Arbeitsgruppe mit vier Personen ist.«

Wenn ich es aber zeichne, dann muss ich mehr wissen über diese Arbeitsgruppe. Es stellen sich Fragen wie:

*Das Bild stellt Fragen*

- Wie sitzen die Personen zusammen?
- Gibt es da einen Außenseiter, der weit weg von den anderen sitzt und alleine ist?
- Gibt es einen Chef, der das Sagen hat?
- Stehen alle ganz eng zusammen und bilden eine homogene Gruppe?

Diese und viele andere Fragen muss ich beantworten, wenn ich eine Arbeitsgruppe mit vier Mitgliedern zeichnen will.

Diese Fragen werden meist erst durch das bildliche Darstellen geweckt. Ohne die Visualisierung wären sie meist gar nicht gestellt worden. Und wenn wir die Bilder verschiedener Teilnehmer eines Zeichenseminars ansehen, so erkennen wir, dass das Bild einer Arbeitsgruppe mit vier Personen für jeden anders aussieht.

*Bildliche Konkordanz-Prüfung*

Oft ist es hilfreich, in Workshops, Gesprächen, Arbeitssitzungen und Projekten frühzeitig festzustellen, ob alle Teilnehmer zu wichtigen Themen das gleiche Bild im Kopf haben: die gleichen Ziele, die gleichen Interessen, die gleiche Vorstellung von der Vorgehensweise und Ähnliches. Bilder können hier als ein Werkzeug der Konkordanz-Prüfung nützlich sein.

## Zeichnen – wie es Moderatoren, Trainer, Führungskräfte, Lehrer brauchen

Wenn wir über das Zeichnen von Inhalten sprechen, denken die meisten an die illustrative Funktion von Bildern. Bilder können aber in Workshops, Teammeetings und Projektbesprechungen noch zahlreiche andere Funktionen erfüllen. Moderatoren, Trainer und Coachs setzen das Zeichnen bisweilen für die Dokumentation von Prozessen oder Workshop-Ergebnissen ein. Besonders spannend ist es, Bilder im Gespräch als ein Mittel zur Intensivierung des Dialogs zu nutzen.

*Dialog effektiver machen*

Für diese und viele andere Anwendungsfelder finden Sie in diesem Buch praktische Tricks, Tipps und Erfahrungen. Wenn ich hier von Bildern spreche, so meine ich einfache handgezeichnete grafische Elemente mit Stichworten und kleinen Textelementen, die handschriftlich in die Zeichnung integriert werden. Das ist ein schnelles Zeichnen. Man will keine Verbesserungen machen. Es soll gekonnt und ansprechend aussehen.

So sind meine Zeichenstifte meist nicht zum Radieren geeignet. In erster Linie verwende ich Filzstifte und Buntstifte. Nur in Ausnahmefällen korrigiere ich etwas von mir aus. Der Arbeits-, Gesprächs- oder Denkprozess steuert die Geschwindigkeit des Zeichnens.

## Es geht um die Inhalte, nicht um das Zeichnen

Zeichnen im Sinne dieses Buches heißt, dass es um die Inhalte geht und nicht um das Zeichnen. Das Wesentliche sind die Inhalte. Die Form dient ausschließlich ihrer treffenden Darstellung. Es geht um die Klarheit der Aussage, nicht um formale Gesichtspunkte.

Hierzu ein Beispiel: Ein Arzt erzählte in der Diskussion nach einem Vortrag, den ich über das visuelle Arbeiten hielt, dass er oft den Patienten in ganz schnellen Zeichnungen erklärt, wie eine Diagnose oder eine Therapie zu verstehen ist.

*Es geht um die Inhalte, nicht um das Zeichnen*

Er zeigt so zum Beispiel, was er gegen einen Bandscheibenvorfall tun kann, wie er Kräfte an welchen Stellen nutzt, um die Bandscheibe wieder in die richtige Position zu bringen. »Natürlich«, so sagte mir der Arzt, »kann ich das jetzt in drei Minuten aufzeichnen und erklären. Aber dahinter stecken ein langes Studium und viele Jahre Praxis, in denen ich mir so viel Erfahrung und Wissen angeeignet habe, dass ich jetzt sofort ein anschauliches Bild dazu machen kann.«

Als ich das hörte, dachte ich: Das ist ein gutes Beispiel für die Bedeutung der Inhalte. Wie wenig wichtig ist im Vergleich dazu das Zeichnen. Die Technik des Zeichnens ist nur ein Werkzeug.

Für meine visuelle Arbeit bedeutet diese Einsicht: Wenn Fragen zum Bild auftreten, so haben diese immer einen inhaltlichen Charakter, nie nur einen rein formalen oder ästhetischen. Man kann beispielsweise fragen: »Müsste das gezeichnete Element größer oder kleiner sein?« Die Antwort richtet sich jeweils nach der Bedeutung des Elements.

Weitere wichtige Fragen sind:

- Entspricht die Position des gezeichneten Inhalts seinem Charakter? Wichtiges könnte oben, Grundlegendes als »Basis« im unteren Bereich des Bildes dargestellt werden.
- Wie steht das Element in der Nachbarschaft zu anderen Gesichtspunkten? Dahinter steht also eine Aussage über die Verknüpfung mit anderen Inhalten.

Entsprechend hat auch die Wahl der Farben eine inhaltliche Bedeutung. Die Farbunterschiede eröffnen Möglichkeiten, die Bedeutung, die Zugehörigkeit oder spezifische Eigenschaften zu markieren.

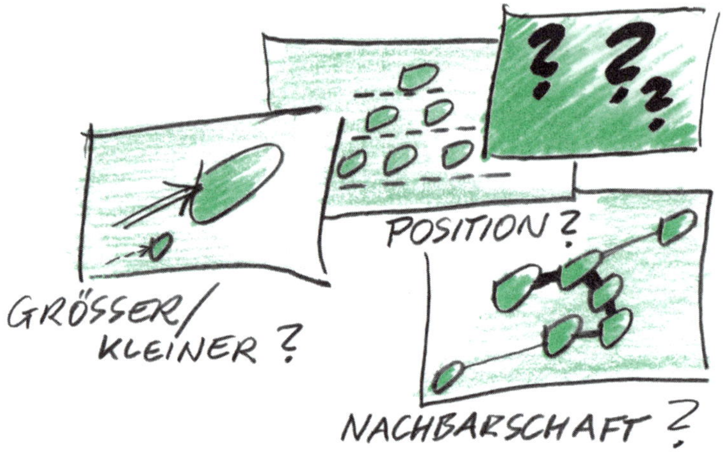


*Bilder schaffen Klarheit*

So stellt das Bild viele Fragen, die wir beantworten müssen, wenn wir Inhalte visuell darstellen wollen. Dabei wird Klarheit über wesentliche Punkte geschaffen.

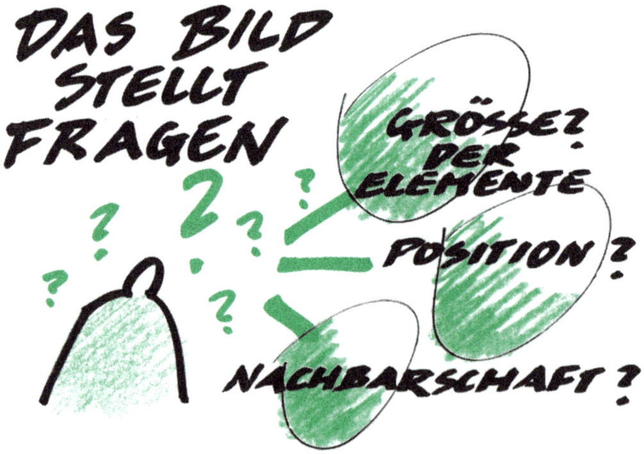

# Wofür Sie das Zeichnen brauchen können

## Situationen und erfolgreiches Zeichnen

Mit den folgenden Erfolgsgeschichten möchte ich zeigen, welche Vorteile es bringt, wenn Sie das Zeichnen einsetzen können.

*Komplexes lernbar machen*

- Beispielsweise wenn Sie als Führungskraft, Trainerin oder Vortragender Inputs anschaulich machen.
- Oder wenn Sie eine visuell attraktive Präsentation zeigen, die anders aussehen soll als die üblichen Computerfolien.
- Vielleicht möchten Sie auch als Lehrer oder als Lehrerin Ihren Schülern mehr als Tafelanschriften bieten und komplizierte Sachverhalte interaktiv gemeinsam mit den Schülern erarbeiten.
- Wenn Sie als Moderatorin Qualitätszirkel leiten, können Zeichnungen ebenfalls eine gute Unterstützung bieten.
- Gleiches gilt, wenn Sie als Manager Teambesprechungen leiten oder als Coach Ihren Teilnehmern anschaulich machen, was in der Gruppe abläuft.

In den unterschiedlichsten Situationen habe ich erlebt, wie viel wir mit Zeichnen bewegen können. Es folgen nun ein paar Beispiele.

## Entwicklung eines visuellen Inputs für ein Seminar

Frau B. ist Trainerin. Häufig hält sie Seminare, die sie mit einem Input beginnt. Für ihre nächste Veranstaltung bereitet sie sich gerade dafür vor. Sie hat einen Stapel DIN-A6-Karten vor sich. Einige davon hat sie bei einem Vorgespräch schon mit Zeichnungen gefüllt. Außerdem liegen auf dem Tisch der Aktenordner zum Seminarthema sowie einige Unterlagen von anderen Seminaren, die sie gehalten hat.

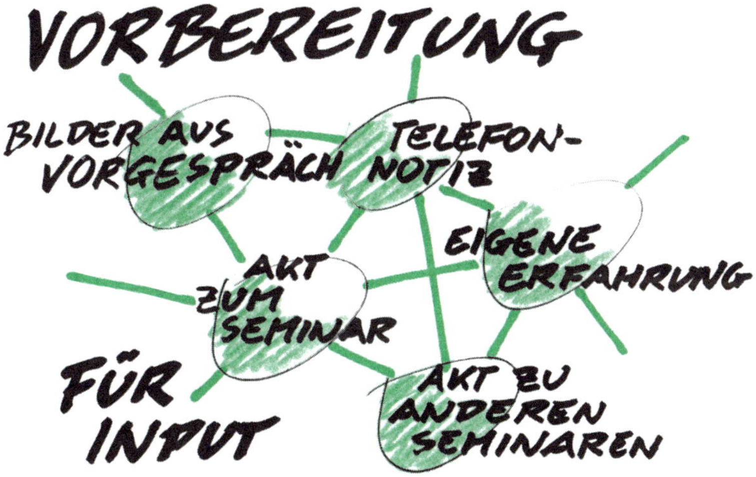


*Die wichtigsten Punkte erkennen*

Zuerst schaut sie auf die Bilder aus den Vorgesprächen und auf eine Notiz zu einem Telefongespräch mit ihrem Kunden. Dabei denkt sie: »Da stehen ja schon die wichtigsten Punkte: die Erwartungen des Kunden. Damit könnte ich beginnen. Dazu passen auch diese beiden Bilder aus dem Vorgespräch.« Sie unterstreicht in ihrer Telefonnotiz weitere Punkte und überlegt: »Diese Stichwörter kann ich so nehmen, wie sie hier stehen. Es sind wirklich diese drei Themenschwerpunkte, die ich mit den Teilnehmern erarbeiten muss.« Zu jedem Inhaltspunkt zeichnet sie ein Bild mit Stichworten. Sie hat zu diesem Thema schon einiges gemacht und eigene Erfahrungen gesammelt. So fallen ihr gleich weitere Inhalte ein. Zu jedem Gedanken, der ihr relevant erscheint, macht sie sofort ein Bild.

*Eine visuelle Struktur aus leeren Flipchartblättern*

Ihre Bildersammlung wächst schnell. Sie freut sich darüber, wie gut es vorwärts geht. Bald lohnt es sich mit Bildern, die zusammengehören, Gruppen zu bilden. Sie denkt: »Es wäre noch gut, ein Chart zu haben, in dem dargestellt ist, wie die drei Themenschwerpunkte miteinander zusammenhängen. Dann brauche ich noch eines mit den Aufgaben, die ich zur Vertiefung des Themas stellen werde. Das wäre schön in Arbeitsgruppen zu machen. So gibt es sechs bis sieben Charts«, denkt sie und hängt sieben leere Flipchartblätter an die Wand.

Danach beginnt sie, die Karten den Flipchartblättern an der Wand zuzuordnen und sie dort mit Klebeband aufzuhängen. Die Charts füllen sich.

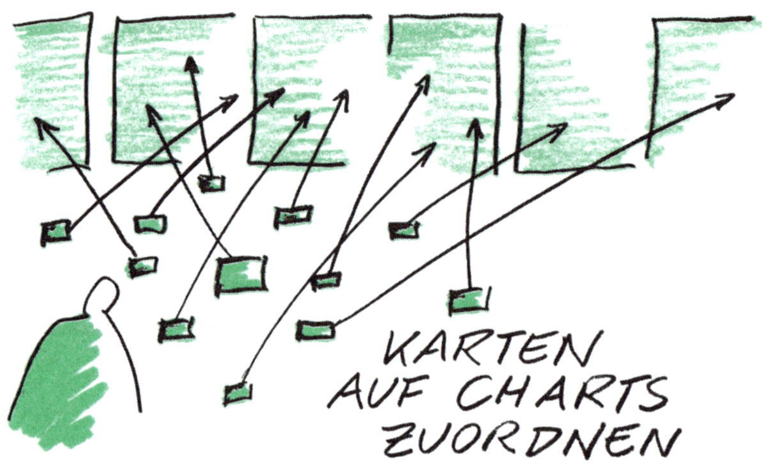


Drei Bilder bleiben übrig. »Diese Bilder wirklich nicht so wichtig«, denkt sie. Sie sieht die Bilder auf den Flipcharts an: »Diese beiden Gesichtspunkte sind aber sehr ähnlich! Ist das nicht eigentlich das Gleiche?« Sie nimmt die beiden Bilder herunter und legt sie nebeneinander auf den Tisch: »Na gut, davon könnte ich die Headline nehmen und die Zusatzerklärung von der anderen Karte. Die Bubbles so wie hier. Das Grün der Pfeile zeigt die passende Beziehungsstruktur.« Als das Kombinationsbild fertig ist, hängt sie es wieder auf das Chartpapier an der Wand.

»Hier dieses Chart«, fragt sie sich, »das schaut aber noch ziemlich mager aus – nur zwei Punkte, dabei gibt es da doch so viel zu sagen. Wie war diese Erklärung, die ich da neulich gelesen habe? Das war echt ein interessantes Modell!« Sie geht zum Bücherregal, nimmt ein Buch mit blauem Rücken heraus, blättert: »Ja, hier ist es! Am besten wäre es eigentlich, ich würde dieses Schema gerade so nehmen, wie es hier steht.« Sie macht eine Vergrößerung auf ihrem Kopiergerät, notiert die Quelle, koloriert die Darstellung und hängt sie an das Chart. »Das ist gut, aber es sieht jetzt etwas seltsam aus, diese Kopie auf dem einen Chart. Könnte ich für die anderen Charts nicht ähnliche Elemente finden, damit es durchgängiger aussieht?« Sie blättert in ihrem Ordner, geht nochmals zum Bücherregal, findet ein paar interessante Stellen. »Aber so richtig passend ist das nicht«, sagt sie sich. Statt der Buchkopien fertigt sie lieber zu den gefundenen Aspekten noch weitere Karten an und schreibt immer sorgfältig die Literaturreferenz dazu.

*Pattern und Muster*

Sie kommt zurück zu der Fotokopie: »Eigentlich gibt es zwei wesentliche Punkte«, analysiert sie und macht zwei Bilder dazu. Die inzwischen neu gesammelten Karten hängt sie an die Charts. Dabei gruppiert sie die Bilder noch besser nach ihrer inhaltlichen Zusammengehörigkeit und klebt sie dann endgültig auf das Chartpapier: »Das gibt ja unterschiedliche Muster!« Frau B. freut sich darüber, denn sie mag es, wenn die Charts unterschiedlich aussehen: Das erste Chart bildet eine Netzwerkstruktur mit den Kundenerwartungen, das zweite eine Pyramide mit den drei Themenpunkten, hier eine Reihe von Bildern, die von links unten nach rechts oben verläuft, und hier eine Kreisstruktur.

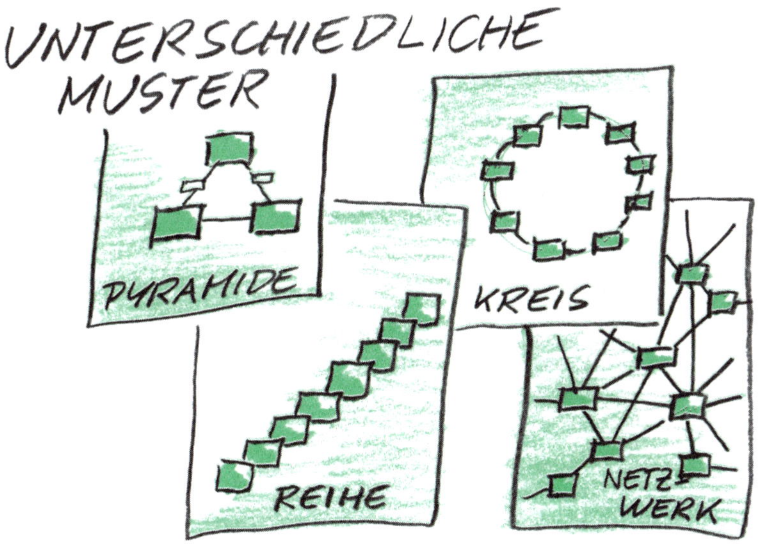

Zwischendurch hat sie da und dort gelbe Haftzettel oben auf die Charts geklebt, auf denen sie erste Ideen für die Überschriften notiert hat. Jetzt ist es Zeit, diese Titel endgültig zu entscheiden und auf die Blätter zu schreiben.

Die Charts sind fertig gestellt. Frau B. gefallen ihre Bilder, sie freut sich auf ihr Seminar: »Da sind wirklich ein paar ganz gute Inhalte zusammengekommen. Das wird die Leute interessieren.«

*Eine positive Stimmung schaffen*

Es hat die Leute tatsächlich interessiert. Sie sagen: »Das ist ja toll, wie Sie mit diesen Bildern arbeiten, so lebendig. Sagen Sie, wo haben Sie denn das Zeichnen gelernt?« In der Pause kommt der Auftraggeber auf Frau B. zu und schüttelt ihr die Hand: »Dieses komplexe Thema habe ich noch nie so klar aufbereitet gesehen. Schön, dass wir zusammengekommen sind!«

## Eine visuelle Teambesprechung

Um einen Tisch sitzen neun Personen. Eines der Gruppenmitglieder, Führungskraft in einem großen Unternehmen, führt durch diese Teambesprechung. Zu Beginn der Sitzung zeigt sie auf eine Reihe von Bildern an der Wand. Jedes der Blätter visualisiert einen Tagesordnungspunkt, beschrieben durch die wichtigsten Stichwörter und eine einfache Zeichnung, die etwas von der Struktur der Inhalte zu diesem Punkt verdeutlicht.

*Teilnehmer einbeziehen*

Auf einigen der Blätter sind Fragezeichen zu sehen. Die Verbindungslinien zwischen ihnen zeigen, wie die Fragen zu diesem Tagesordnungspunkt aufeinander aufbauen. Im Vorfeld hat die Gesprächsleiterin bei den Teilnehmern Anregungen zum Ablauf des Nachmittags gesammelt und dann ihre Zeichnungen gemacht. Nach der Vorstellung dieser Agenda-Bilder wird ein Punkt nach dem anderen besprochen. Die wichtigsten Diskussionsergebnisse zu jedem Tagesordnungspunkt visualisiert sie im Gespräch mit ihrem Team. Sie macht das ganz ohne Druck. Sie sagt: »Lassen Sie uns das kurz festhalten.«

Dann zeichnet sie drei Bubbles auf ein DIN-A4-Blatt, das sie auf den Flipchartständer gehängt hat, sodass es alle sehen können.

Sie erklärt den Teilnehmern: »Ich glaube, das Wichtigste zu diesem Thema waren folgende drei Punkte.« Sie liest ihre Stichworte in den Bubbles vor. »Was meinen Sie? Wo würden Sie den vierten Punkt platzieren? Ich war nicht sicher, ob er ins Zentrum gehört oder mehr nach oben zu den Zielen.« Jemand wirft ein, dass dieser Punkt eigentlich mit allen aufgezeichneten Bubbles zu tun hat, und er ihn deshalb in die Mitte setzen würde. Einige nicken, andere sagen nichts. Die Moderatorin zeichnet den Aspekt in die Mitte und fragt noch einmal nach: »Würde Ihnen das so passen?« Alle scheinen zuzustimmen. So entwickelt sie die Zeichnung ganz entspannt mit den Teilnehmern, ohne dass sie sich beim Zeichnen gehemmt fühlt. Sie setzt sich nicht unter den Druck, alles schön und richtig zeichnen zu müssen. Denn sie beteiligt alle und fragt einfach ihre Zuhörer, was sie da und dort noch darstellen soll, wohin es gehört und welche Farbe und Bedeutung die Teilnehmer diesem Inhalt geben möchten.

*Sich nicht unter Druck setzen, alles schön zeichnen zu müssen*

So steht sie nicht alleine vorne mit ihrer Zeichnung, sondern ist Teil einer Teamarbeit. Die Teilnehmer wissen das Zeichnen als hilfreichen Service zu schätzen.

Bei einem Tagesordnungspunkt sind die Teilnehmer unterschiedlicher Meinung. Die Moderatorin merkt, dass die Zeichnung, die sie begonnen hat, nicht passt. Sie sagt: »Das müssen wir, glaube ich, anders machen. Ich denke, wir brauchen hier zwei Bilder.« Sie hängt unter ihre unfertige Zeichnung zwei leere DIN-A4-Blätter. Für jede Sichtweise ein Blatt: »Lassen Sie uns das doch genauer ansehen. Ich habe es noch nicht richtig verstanden. Könnten Sie, Herr K., bitte kurz Ihre Sicht resümieren.« Sie hört aufmerksam zu, notiert die Punkte auf ihr Notizblatt und skizziert eine Struktur, wie es sein könnte. Als Herr K. mit seiner Erklärung fertig ist, sagt Sie: »Könnte das etwa so aussehen?« – »Nein, diese beiden Punkte würde ich zusammenfassen«, schlägt ein Teilnehmer vor. – »So?« Sie macht einen Bleistiftkreis um die beiden Stichworte oben.

*Aufmerksam zuhören*

Da und dort noch eine Änderung, dann scheint es zu passen. Sie nimmt ihren schwarzen Filzstift, zeichnet über die vorgezeichnete Bleistiftskizze die optimierte Struktur und schreibt die Stichworte an die richtigen Stellen. Als beide Bilder fertig sind, hebt sie den Unterschied durch eine rote Schraffur über die entsprechenden Inhaltspunkte hervor.

Dann nimmt sie die beiden Zeichnungen ab und hängt sie unter die entsprechenden Bilder der Agenda. Das Blatt mit dem ersten Zeichenversuch legt sie beiseite. In der Diskussion um den vierten Agenda-Punkt ist die Zeichnung schnell fertig. Aber am Schluss kommt noch ein Einwurf. »Sollten wir hier nicht die Kunden mit einbeziehen?! Die sind doch das Wichtigste! Die hätte ich gerne noch ganz groß auf diesem Bild.« Die Moderatorin hat damit kein Problem, obwohl das Bild schon voll ist. Sie nimmt eine kleine DIN-A6-Karte, zeichnet das Symbol einer Krone darauf, füllt es knallgelb aus und schreibt mit großer Schrift »Kunde« darauf. Sie hängt es mit Klebeband ganz oben auf ihr Blatt: »Passt das so?« Alle sind zufrieden.

*Eine andere Meinung ist eine Bereicherung*

Nach zwei Stunden hängen unter allen Tagesordnungspunkten Bilder. »Ich glaube, jetzt haben wir unsere Tagesordnung geschafft«, sagt die Moderatorin, »lassen Sie uns jetzt noch mal kurz resümieren, und sagen Sie gleich, wenn wir irgendwo noch etwas ergänzen oder korrigieren müssen.« Sie geht in zehn Minuten kurz die Bilder durch und fasst die wichtigsten Ergebnisse zusammen. Da und dort klebt sie einen gelben Haftzettel auf ein Bild. »Das gehört in unsere To-do-Liste«, hält sie fest. »Können wir gleich noch hier notieren, wer diese Aufgabe bis wann erledigen will?«

*Aufgabenverteilung sichtbar machen*

An zwei Stellen gibt es noch Anregungen und Korrekturwünsche. Auf gelben Zetteln werden sie notiert und an das entsprechende Bild geheftet. »Super,

Sie haben alle toll mitgemacht«, schließt die Moderatorin, »vielen Dank!« Dann zu Herrn P.: »Könnten Sie die Bilder gleich in der chronologischen Reihenfolge 1:1 auf A4 kopieren und an alle verteilen?«

*Dokumentation ohne Nacharbeit*

Das war eine effektive Sitzung. Die Moderatorin denkt bei sich: »Ein Glück, dass das Protokoll mit den Bildern auch schon gemacht ist! Und beim Resümee haben wir ja bereits alles abgestimmt.«

## Vorbereitung von Präsentation und Vortrag

Herr M. hat gerade erfahren, dass er am nächsten Mittwoch den Stand seines Projekts beim Kunden vorstellen muss. Das bringt ihn ziemlich in Stress. Denn er ist drei Tage dienstlich verreist. Am Wochenende kommt dann die Schwiegermutter, und die Kinder wollten eigentlich noch einen Tag zum Skifahren. Und nun dieser neue Termin, dessen Vorbereitung vermutlich seine ganze Zeit in Anspruch nimmt. Wie soll das bloß gehen? Er ist ziemlich ratlos.

*Wie zeichnen Zeit sparen hilft*

Dann kommt ihm eine Idee. Er sagt zu seiner Sekretärin: »Frau P., könnten Sie bitte die Computerfolien aus der letzten Besprechung in Köln und die aus der Vorstandssitzung ausdrucken? Vor allem auch die Bilder aus dem Pflichtenheft. Und da war doch noch dieses Gespräch, wo wir alles so gut zusammengefasst haben, das mit den Nutzern. Das muss im November gewesen sein – bitte die Charts dazu raussuchen. Bitten Sie doch Herrn A., kurz zusammenzufassen, wo er jetzt in der Projektarbeit steht. Auf einer DIN-A4-Seite.« Etwas später setzt er hinzu: »Könnten Sie einen Besprechungsraum reservieren, am besten den mit dem großen Tisch? Ein paar Pinnwände sollten auch da sein.« – Am Nachmittag hat Frau P. die meisten Unterlagen zusammen. »Könnten Sie mir die Folien einfach der Reihe nach auf den Tisch im Besprechungsraum auslegen und ebenso die anderen Unterlagen, sodass ich alles auf einen Blick durchsehen kann. Ich brauche jetzt einen Überblick, was ich für die Präsentation benutzen kann. Könnten Sie die handgezeichneten Charts und die Bilder bitte an die Pinnwände hängen? Zusätzlich benötige ich zehn leere Flipchartbögen.«

In einer Pause zwischen zwei Sitzungen geht Herr M. in den Besprechungsraum. Er geht schnell die Unterlagen durch und überlegt: »Das ist wichtig und das!« Jedes Mal markiert er die Stelle mit einem gelben Zettel, da und dort mit ein paar Stichpunkten, die ihm gerade einfallen.

»Ja, natürlich, das war doch der Kernpunkt, warum wir den Auftrag bekommen haben. Und hier dieser Satz, das Argument des Vorstandes, sein Ziel! Aber wie könnte ich bloß diese Zeitverzögerung hier begründen? ... »Aah da!« – Das ist ja toll, wie wir mit den Nutzern ihre Wünsche auf den Punkt gebracht haben! Hier muss ich den Schwerpunkt setzen.«

Zeit für die nächste Sitzung – ein ganz anderes Thema. Die Unterlagen aus dem Büro mitnehmen. Kurz noch vorbei bei der Sekretärin: »Könnten Sie mir die Blätter mit den gelben Zetteln im Besprechungsraum in der Reihenfolge zusammenpacken und immer ein Blatt davor, aus welchem Dokument es kommt. Das große Chart muss es verkleinert in einer Broschüre geben. Könnten Sie das dazulegen? Ich möchte heute Nachmittag alles mitnehmen. Auf der Fahrt zum Termin bei T. kann ich mich damit beschäftigen.«

*Eine visuelle Struktur transportierbar machen*

Drei Stunden später sitzt Herr M. auf dem Rücksitz seines Dienstwagens auf der Fahrt zu T. Er hat 20 Minuten Zeit. Er schaut nochmals die Unterlagen aus dem Besprechungsraum durch: »Ja, das ist es. Da hat sich ja die Situation im Projekt total verändert. Und hier: Das war ein echter Sprung nach vorne!« Er skizziert zwei Piktogramme mit Stichworten und ordnet die beiden Blätter zu den Folienkopien ein.

Dann sortiert er die Folien nach Themen. Gerade genug Zeit: Er ist an der Pforte von T. angekommen.

Nach der Besprechung bei T. ein kurzes Telefonat mit seiner Sekretärin: »Ich bin jetzt hier fertig und komme ins Büro. Könnten wir uns noch auf eine halbe Stunde im Besprechungsraum treffen?« Als Herr M. dort ankommt, ist er etwas müde. Die Sekretärin ist schon da und hat einen Kaffee vorbereitet und sein Lieblingsbrot. »Irgendwie müssen wir jetzt herausbekommen, welches die Kernthemen dieser Präsentation sind. Ich habe unterwegs schon die Unterlagen in Themenpäckchen sortiert. Die hängen wir an die leeren Flipchartbögen. Diese Blätter auf das erste Chart und das auf das nächste. Einfach von oben nach unten. Am besten lassen wir immer ein Chart dazwischen frei.«

*Das Denken wird sichtbar*

Nachdem alle Blätter auf die Charts verteilt sind, sagt Herr M.: »Na, das sieht doch schon ganz gut aus. Das sind die Ziele und hier die Nutzerwünsche, als Erinnerung, wo wir gestartet sind. Das zusammenfassende Chart mit den Nutzerwünschen vom letzten Jahr sollten wir hier dazwischen einbauen. Hier die Etappen und wo wir jetzt stehen. Hier die Fragen, die wir bei dieser Gelegenheit gleich mit dem Kunden klären können.

Aber wie könnten wir diese beiden Charts denn nennen? Ich glaube, diese Folien sollten wir besser umsortieren. Das ist noch nicht markant genug!« Jetzt scheint alles ganz spielerisch zu gehen. Die Müdigkeit von Herrn M. ist verflogen. Es macht Spaß, dass alles schon so weit gediehen ist. Jetzt weiß er, dass er es auf jeden Fall schaffen wird. Im Gespräch mit seiner Sekretärin werden Titel auf die Charts geschrieben, optimiert, geändert – da und dort ein Satz, der das Wichtigste zusammenfasst, sowie eine Skizze (auf einem A4-Blatt) zu jedem Chart, die zeigt, wie die Inhaltspunkte auf dem Chart verteilt werden sollen.

*Spielerisch Müdigkeit überwinden*

Dann ist etwa eine halbe Stunde vergangen. »So passt es ziemlich gut«, sagt Herr M. Am liebsten hätte er, wie er es oft getan hat, sofort selbst gezeichnet. Aber die Zeit ist zu knapp. Er muss sich unbedingt noch für die Reise am nächsten Tag vorbereiten. Ein Glück, dass er Frau P. gezeigt hat, wie er Bilder für Präsentationen visualisiert. Er sagt: »Können Sie mir diese fünf Charts so zeichnen? Bitte machen Sie mir aber vorher eine Kopie von den Skizzen, die kann ich im Flieger nochmals durchsehen. Na ja, Sie wissen ja, da könnte es da und dort schon noch die eine oder andere Änderung geben. Aber wir zwei sind ja Schnellzeichner. Das schaffen wir schon.«

Tatsächlich gab es noch ein paar Änderungen. Zwei weitere Charts hat sich Herr M. auf seiner Reise überlegt und die Skizzen dazu vom Hotel aus an Frau P. gefaxt.

Die Präsentation beim Kunden war ein voller Erfolg. Zuerst ging Herr M. von einem Chart zum nächsten und stellte einen Überblick über die Themen der Charts vor, die er an die Wand gehängt hatte. Das gab den Zuhörern gleich von Anfang an die Möglichkeit, sich zu beteiligen. Denn anhand dieses Überblicks konnten sie sich wünschen, an welchen Stellen sie mehr ins Detail gehen wollten. Sofort entstand eine Atmosphäre der Kooperation. Dann stellte Herr M. seine Präsentation vor.

Immer wenn ein Einwurf, eine Frage oder eine Anregung von den Zuhörern kam, notierte er diese auf selbstklebende Notizzettel und platzierte diese an die entsprechende Stelle auf seinen Charts. Es freute ihn, seinen Zuhörern zeigen zu können, dass jedes Statement wertgeschätzt und umgehend eingebaut wurde. Das erlaubte es ihm auch, kurz auf die vorgebrachten Einwürfe zu antworten, aber trotzdem das Konzept seiner Präsentation durchgängig und überzeugend weiter zu verfolgen.

*Statements von anderen wertschätzen und einbauen*

Dort, wo er den Eindruck hatte, man müsse zu einem Einwurf noch mehr sagen oder noch ausführlicher diskutieren, markierte er die gelben Notizzettel mit einem großen roten Punkt – sozusagen als ein Teil der Agenda für die anschließende Diskussion.

*Bewegung und Veränderung*

Die Zuhörer hatte er vor seiner Präsentation gebeten, doch kurz aufzustehen. Sie standen mit ihm vor den Charts und durchwanderten schrittweise mit ihm den Raum. Herr M. dachte bei sich: »Das ist wirklich schön, wie sie mit mir gehen.« Es kam ihm so vor, als wäre das nicht nur eine Bewegung ihres Körpers, sondern als bewegten sich auch ihre Gedanken mit seinem Anliegen mit.

## Zeichnen in ganz anderen Berufen

Vor einiger Zeit nahm ein befreundeter Rechtsanwalt an einem meiner Zeichenseminare teil. Als ich ihn einige Zeit später wieder traf, erzählte er mir mit leuchtenden Augen: »Du, mit dem Zeichnen, das ist eine irre Sache. Weißt du, was ich neulich gemacht habe? Da hatte ich zwei ganz schwierige Parteien, die sich absolut nicht einigen konnten. Ein echter Konflikt. Ich habe daher jeden seine Position darstellen lassen und versucht, in Bildern die Kernaussagen darzustellen.

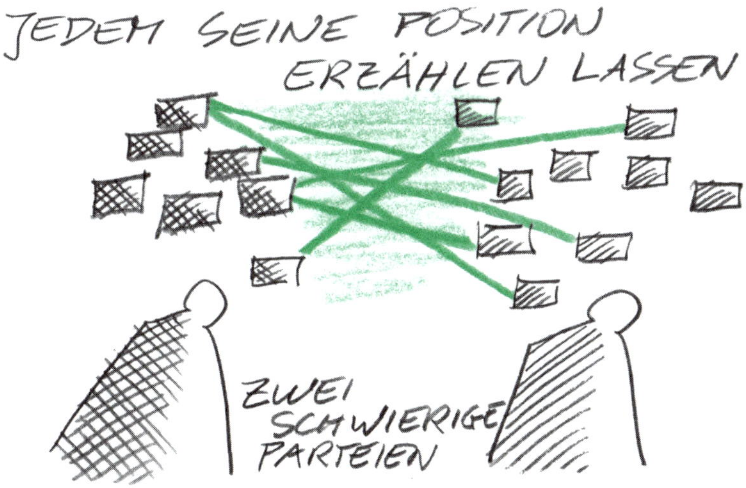


Das war ziemlich toll. Ich habe einfach nur die wichtigsten Stichworte dazugeschrieben und die Struktur der Zusammenhänge festgehalten. Dadurch war das Wichtigste festgehalten und doch war es noch kein juristischer Text. Über den hätten wir sicher länger streiten können. Diese Bilder sind einfach juristisch nicht angreifbar, enthalten noch so viel Freiheit und Interpretationsspielraum. Als aber die wesentlichen Bestandteile der Bilder akzeptiert waren, war es gar nicht schwierig, daraus einen für beide Seiten akzeptablen Schriftsatz zu formulieren.«

*Bilder mit Interpretationsspielraum*

# Vorteile des visuellen Arbeitens

## Schnell den Überblick bekommen und das Wesentliche klar sehen

*Storytelling und Dramaturgie von Prozessen*

In Workshops, Arbeitssitzungen, Seminaren, Veranstaltungen, Kongressen und Gesprächen können wir in unterschiedlicher Form Bilder zu den besprochenen Inhalten zeichnen. Diese sind besonders Gewinn bringend, wenn wir sie nebeneinander an der Wand aufhängen. So erzählen sie eine Geschichte und dokumentieren die Dramaturgie der Inhaltsentwicklung. Ähnlich wie ein Film-Storyboard den späteren Film simuliert, so können Zeichnungen Konzepte, Prozesse oder Organisationsstrukturen simulieren.

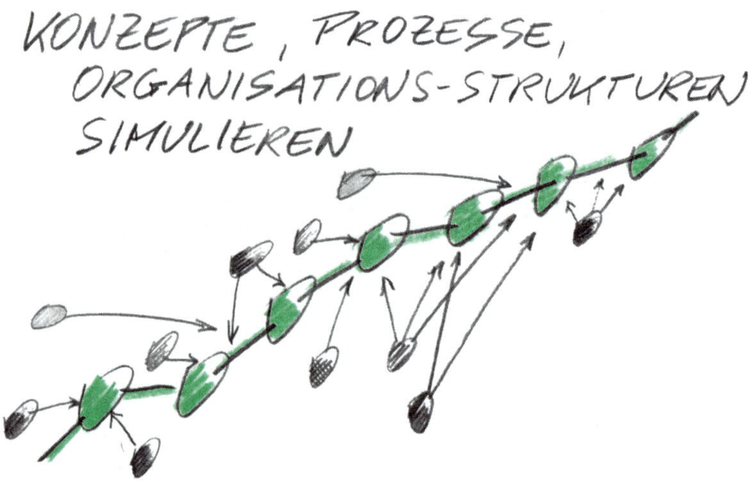


*Überblick und Gesamtschau*

Bilderwände schaffen einen Überblick über die besprochenen Inhalte und zeigen die Gesamtschau der behandelten Themen. Durch Bilder können die Inhalte jederzeit für alle Beteiligten sichtbar und nachvollziehbar gemacht werden. Die Kernaussagen sind leichter zu verdichten.

Spuren interessanter neuer Aspekte zeigen sich. Die als Module visualisierten Gesichtspunkte können nach Themen geordnet und bewertet werden. In unterschiedlichen Perspektiven sind die wesentlichen Wissenselemente leichter zu erkennen, unterschiedliche Interessenlagen werden deutlich, ebenso

Fragen, die noch nicht beantwortet sind. Durch das Anheften von Notizen kann gemeinschaftlich an der Bildstruktur weitergearbeitet werden.

Wenn wir komplizierte Wissensstrukturen oder unübersichtliche Prozesse darstellen, sind unsere Gesprächspartner oft beeindruckt davon, welche Klarheit durch die Bildstrukturen entsteht und wie sich komplizierte Sachverhalte in einfache Muster transformieren lassen. Das Wesentliche und der rote Faden kristallisieren sich heraus.

*Komplexes in einfachen Mustern klären*

Es ist ein spannendes Erlebnis, treffend mit schnellen Bildern Überblick und Klarheit zu schaffen sowie Zusammenhänge und Ergebnisse visuell auf den Punkt zu bringen.

# Dialogqualitäten verstärkt einführen und pflegen

*Den anderen wertschätzen und respektieren*

Das Zeichnen im Dialog mit anderen ist eine Möglichkeit, leichter zu verstehen, was Gesprächspartner denken und für andere besser verständlich zu machen, was wir selbst sagen wollen. Während wir die Aussagen anderer zeichnen, können wir sofort überprüfen, ob unser Verständnis des Gesagten passt. Gleichzeitig zeigen wir, dass wir die Ideen und das Wissen unseres Gegenübers wertschätzen und respektieren. Das Zeichnen unserer eigenen Ideen hilft, diese für uns selbst und für andere klarer zu machen. Das Gespräch über unsere Bilder zeigt anderen, dass ihr Verständnis für unsere Inhalte wesentlich für uns ist. Es bringt zum Ausdruck, dass sie uns mit ihrer Erfahrung bereichern. Folgende Grundhaltung teilen wir dabei unserem Gegenüber mit:

- Es ist von großer Bedeutung für uns, die Meinung der Gesprächspartner wirklich anzuhören und ernst zu nehmen.
- Das Anliegen anderer ist ein wertvoller Beitrag, der sich im Verknüpfen mit unserem eigenen Bild in ein gemeinsames visuelles Pattern einfügt.

Dies öffnet den Weg, um in einer freundschaftlichen Atmosphäre herauszufinden, ob wir das gleiche Bild zu einem Begriff oder Inhalt in unseren Köpfen haben. Gemeinsam erkennen wir somit, ob wir das gleiche Ziel und die gleichen Interessen verfolgen.

## Die Räume »zwischen« Bildern und »zwischen« Personen erschließen

Wenn wir die Aussage der anderen Person im Bild neben der Visualisierung unserer eigenen Gedanken sehen, entstehen oft neue Ideen, neue Perspektiven und ein ganz neues Verständnis. Dies ist ein besonderer Gewinn des visuellen Dialogs – sozusagen im Zwischenraum zwischen den Bildern, zwischen den Bildern und den Personen und zwischen Personen.

*Ideen entstehen zwischen Personen und Bildern*

In diesen Zwischenräumen entstehen mit Leichtigkeit und Freude neue Erkenntnisse und Erfahrungen. Dieser Zwischenraum kann während des Dialogs kreativ entwickelt und gestaltet werden. Hier liegt ein grundsätzlicher Unterschied zum Arbeiten mit ausschließlich verbalen Strukturen. In Bildmustern können wir Einblick gewinnen in ein gemeinsam aufgebautes visuelles Gedächtnis, mit einem Überblick über das, was gesagt wird, und das, was wir denken. Ein Netzwerk wird sichtbar, in dem verschiedene Inhalte, Ideen, Aussagen und damit vor allem verschiedene Personen miteinander verknüpft sind – mit ihrem Wissen und ihrer Erfahrung. Dieses Potenzial hilft, Brücken zu bauen zwischen verschiedenartigen Kulturen und Personen, auch wenn das gegenseitige Verständnis schwierig zu erreichen scheint oder wenn die Zeit knapp ist und besonders wenn die Informationsstrukturen komplex sind.

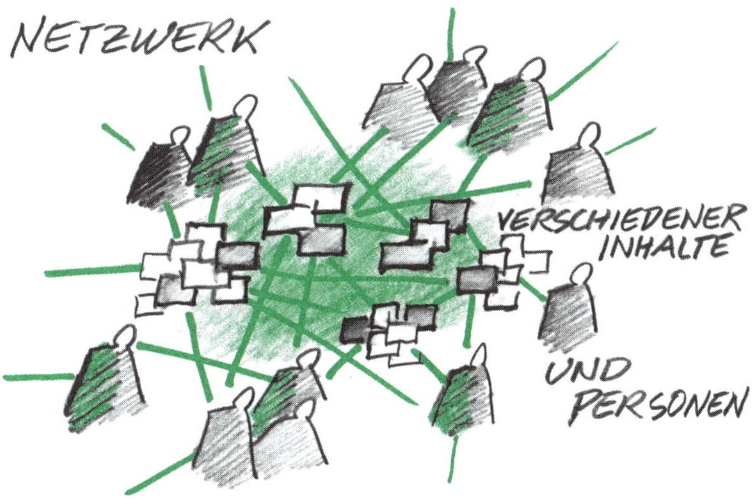

## Sitzungen effektiver und positiver gestalten

*Positive interessierte Grundstimmung*

Die Effektivität von Arbeitssitzungen wird beim Visualisieren nicht nur durch das schnelle Erkennen der wichtigen Punkte in komplexen Kontexten gesteigert. Darüber hinaus sind Bilder einprägsam und bleiben länger im Gedächtnis. So werden Informationen eingehender und nachhaltiger gespeichert. Eine positive und interessierte Grundstimmung und wohlwollendes Interesse werden erreicht. Dadurch gelingt die Auflockerung von Veranstaltungen und Arbeitssitzungen.

Die hier beschriebene zeichnerische Tätigkeit bringt neben Dialog und Inhaltsarbeit als Nebeneffekt eine Dokumentation. Wir können ein Protokoll aus Bildern herstellen, das uns hilft, an den Inhalten weiterzubauen.

# Einsatzmöglichkeiten

## Ziele

*Interaktiver Dialog: transparent und wohlwollend*

Besonders interessant und wirkungsvoll ist das Arbeiten mit Bildern, wenn diese nicht nur für einen Frontalvortrag genutzt werden. Der größte Mehrwert ist zu erreichen in einem interaktiven Dialog mit den Teilnehmern, bei dem die entstandenen Bilder gleichzeitig während der gesamten Arbeitssitzung im Raum sichtbar sind. Hier kann das Zeichnen helfen, den Überblick über die behandelten Inhalte und eine wohlwollende Grundstimmung zu schaffen. Wenn das Gesagte so für alle transparent und anschaulich bleibt, ist das ein guter Ausgangspunkt für einen wohlwollenden Dialog, denn nichts »verschwindet in der Tasche« und nährt die Angst davor, andere könnten sich insgeheim einen Vorteil verschaffen oder das Gesagte missbrauchen oder manipulieren.

Folgende Anwendungsperspektiven können in ganz unterschiedlichen Berufsfeldern realisiert werden:

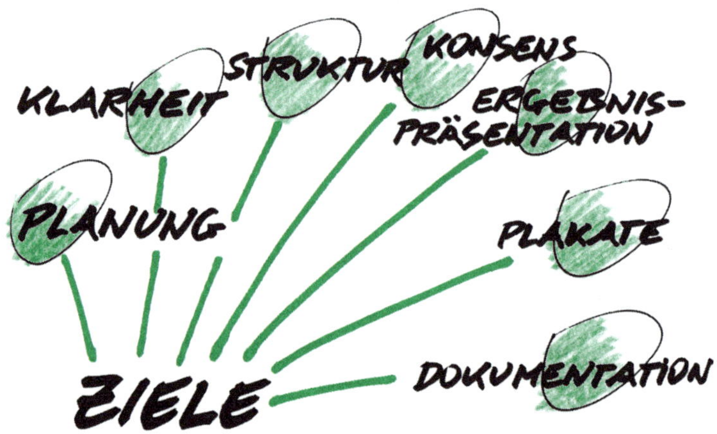


- **Planung:** In Planungssitzungen gelingt es, Konzeptionen und Abläufe visuell effektiv abzustimmen.
- **Klarheit:** Bei Arbeitsgesprächen, Workshops und Diskussionen können leichter Klarheit geschaffen und Missverständnisse reduziert werden.

- **Struktur:** Aussagen, Diskussionsbeiträge und Zusammenhänge werden für alle sichtbar abgebildet. Strukturen sind schnell erkennbar.
- **Ergebnispräsentation:** Gruppen- und Arbeitsergebnisse können klar und überzeugend präsentiert werden.

*Konkrete Ergebnisse*

- **Konsens:** Es gelingt schneller, in Arbeitsgruppen und im Plenum auf einen Nenner zu kommen und Konsens herzustellen.
- **Plakate:** Auf unterschiedlichen Formaten (von Postkartengröße bis hin zum Großplakat) hilft Zeichnen, zu verschiedensten Anlässen einprägsame Visualisierungen für Präsentation, Schulung, Tagung und Event herzustellen.
- **Dokumentation:** Zur Dokumentation kann Bildmaterial für Protokoll, »Multimediale Wissensräume« (eingetragenes Dienstleistungskennzeichen zugunsten Hans-Jürgen Frank) und Internet/Intranet gesammelt werden.

## Berufsfelder

Zeichnen ist in allen Berufsfeldern hilfreich, in denen Dialog, Gespräch und Zusammenarbeit notwendig sind:

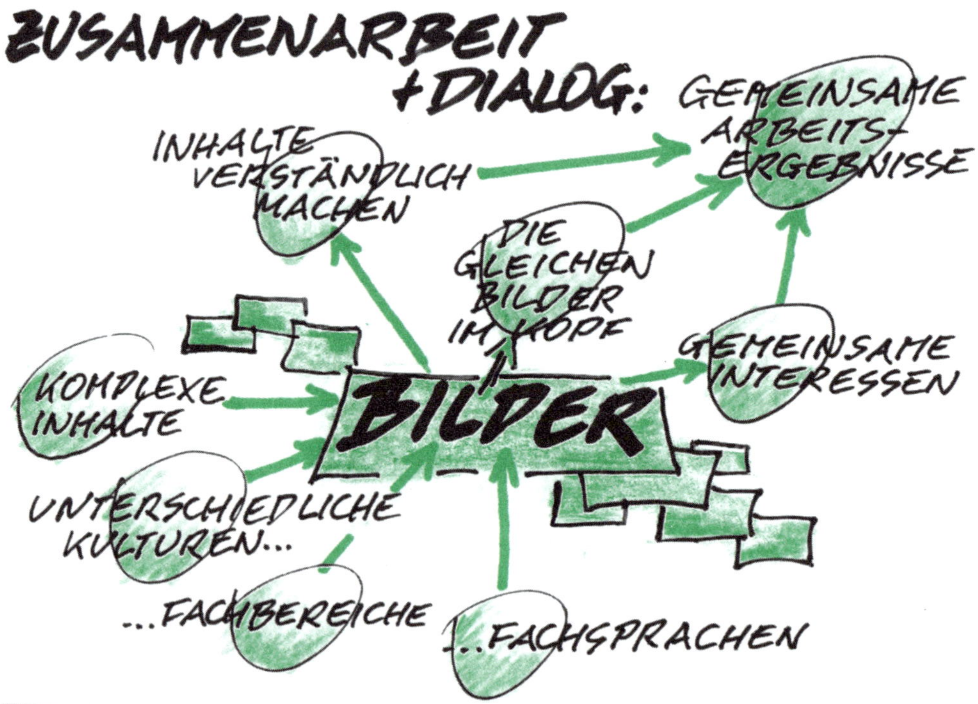

# Ausgewählte Anwendungsmöglichkeiten

Folgende berufliche Situationen können mit Zeichnungen wirkungsvoll unterstützt werden:

- Produktentwicklung und Produktion,
- Softwareentwicklung,
- Aufbau und Lebendighalten von virtuellen Communities,
- persönliche und virtuelle Arbeitssitzungen,
- steuern von Projekten,
- kontinuierliche Verbesserungsprozesse,
- Veränderungsprozesse,
- Aufbau und dynamische Entwicklung von Werte-Architekturen,
- Qualitätsmanagementprozesse,
- Auditprozesse,
- Controlling,
- Managementaufgaben,
- Zielfindung,
- Leitbildentwicklung,
- Entwicklung von Aufgaben,
- Konzepte weiterentwickeln, Alternativen bewerten und auswählen,
- Nutzerbefragungen,
- Problemlösungen,
- Entscheidungsfindungen,
- Dialoge,
- Präsentationen,
- Dokumentationen,
- Vorbeugung von Konflikten,
- Schlichtung von Konflikten,
- Dialog in der Forschung,
- Lehre in Schule, Hochschule, Aus- und Weiterbildung,
- Visualisierung von Vorträgen.

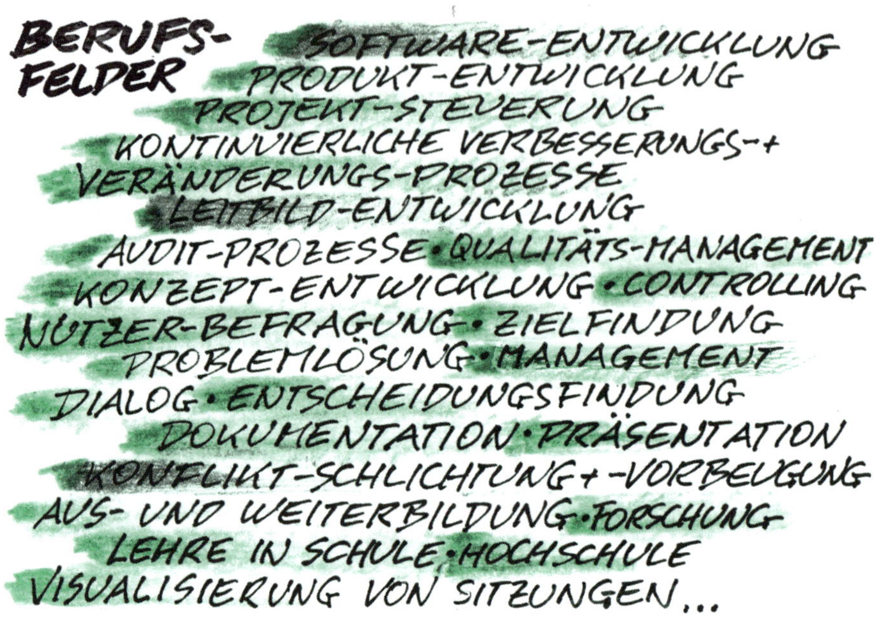


*Breites Spektrum von Anwendungsmöglichkeiten*

Das Zeichnen, wie es in diesem Buch beschrieben ist, hat ein breites Spektrum von Anwendungsmöglichkeiten. Es lassen sich die unterschiedlichsten Ziele und Qualitäten darstellen. Es hat sich bewährt für die Inhaltsvermittlung, für Inputs, Dialoge sowie für die Dokumentation.

Der Zeicheneinsatz kann vor, während oder nach den Arbeitssitzungen, Seminaren oder Workshops erfolgen. Es kann durchgängig gezeichnet werden oder nur in bestimmten Phasen.

Die folgende Matrix der Anwendungsmöglichkeiten soll Ihnen einen Überblick vermitteln.

## Matrix der Anwendungsmöglichkeiten

| 1 | 2 | 3 | 4 | 5 |
|---|---|---|---|---|
| **ANWENDUNGSMÖGLICHKEIT** | **MÖGLICHER SCHWERPUNKT** | **ZEICHNEN ZU AUSSAGE:** • DAVOR • SIMULTAN • DANACH | **ABLAUF:** • PUNKTUELL • DURCHGÄNGIG | **ZEICHNEN:** • MIT ODER • OHNE TEILNEHMER |
| **VORBEREITUNG + INPUT:** ÜBERBLICK … VISUELLE AGENDA | INS THEMA EINSTEIGEN | DAVOR | PUNKTUELL | VORWIEGEND OHNE TEILNEHMER |
| **NACHBEARBEITUNG:** WICHTIGE PUNKTE … GESAMTÜBERBLICK | DOKUMENTATION | DANACH | PUNKTUELL | MEIST OHNE TEILNEHMER |
| **DOKUMENTATION EINZELNER, WICHTIGER INHALTE:** MEHRERE GRUPPEN/SICHTWEISEN | DIALOG | AM BESTEN SIMULTAN | PUNKTUELL | MIT TEILNEHMERN |
| **ERGEBNISDOKUMENTATION:** LÜCKENLOSES ARBEITSGRUPPEN-ERGEBNIS | DOKUMENTATION | DANACH | DURCHGÄNGIG WÄHREND ABSCHLUSSGESPRÄCH | MIT ODER OHNE TEILNEHMER |
| **MODERATION MIT BILDERN:** BILD STEUERT PROZESS | DIALOG | SIMULTAN | DURCHGÄNGIG | MIT TEILNEHMERN |
| **„LIFE-ZEICHNEN“:** BILDER MACHEN IN ECHTZEIT | DIALOG | SIMULTAN | DURCHGÄNGIG | MIT TEILNEHMERN |
| **VORTRAG UND PRÄSENTATION:** DURCH DEN ZUSAMMENHANG WANDERN | INHALT VERMITTELN | DAVOR | PUNKTUELL | OHNE TEILNEHMER |
| **KONFLIKTEN VORBEUGEN/ KONFLIKTE SCHLICHTEN** | DIALOG | SIMULTAN | DURCHGÄNGIG | MIT TEILNEHMERN |

*Anwendungsmöglichkeiten und Qualitäten*

Diese Matrix vermittelt einen ersten Einblick in die verschiedenen Anwendungsmöglichkeiten des Zeichnens (Spalte 1) mit ihren unterschiedlichen Qualitäten und Ausformungen (Spalten 2–5).

Eingetragen habe ich die Qualitäten, die mich in meiner Praxis am häufigsten beschäftigen. Diese können aber in unterschiedlichen Kombinationen vorkommen.

So ist zum Beispiel in der Spalte der Anwendungsmöglichkeiten bei Vorbereitung und Input vermerkt, das Zeichnen der Bilder erfolge vorwiegend ohne die Teilnehmer. Dies kann für ein offenes Seminar passend sein, in dem uns die Teilnehmer noch nicht persönlich bekannt sind. In anderen Situationen ist es aber durchaus wichtig und hilfreich, oft sogar notwendig, einzelne Teilnehmer und Wissensträger zur Vorbereitung der Input-Bilder dazu zu bitten, wenn es beispielsweise um die Vorbereitung für einen Workshop im Rahmen eines laufenden Projekts geht.

Die hier aufgeführten Anwendungsmöglichkeiten und noch einige mehr werden an unterschiedlichen Stellen des Buches angesprochen.

# Praktische Basis

# Drei Grundregeln

## Zeichentricks – das Geheimnis des professionellen Zeichners

Für mich gibt es drei wesentliche Grundregeln für das professionelle Visualisieren in Workshops, Gesprächen und Arbeitssitzungen.

- Die erste Grundregel heißt: Ich zeichne nur, was ich wirklich zeichnen kann.
- Die zweite heißt: Ich verwende beim Zeichen konsequent immer die gleichen Elemente.
- Die dritte lautet: Ich schaffe mir meine persönliche Zeichenroutine. (Das bedeutet: Ich entscheide mich für klare einfache Elemente, Materialien, Regeln und Rituale.)

In meinen Zeichenseminaren habe ich die Erfahrung gemacht, dass es praktisch für jeden Moderator, Trainer, Coach und für jede Führungskraft möglich ist, Inhalte, Ideen und Gesprächsergebnisse wirkungsvoll in Bildern darzustellen, wenn sie diese Grundregeln befolgen.

## Regel 1
## »Können«: Ich zeichne nur, was ich wirklich zeichnen kann!

Um diese Regel befolgen zu können, muss ich zunächst herausfinden, was ich selbst wirklich gut zeichnen kann. Ich brauche meine spezifischen Zeichenelemente, um alles leicht und spielerisch in Bildern darzustellen. Die Sammlung dieser Zeichenelemente ist meine visuelle Sprache, mein Bildbaukasten.

Ich selbst habe gelernt, dass es mir nicht immer sofort gelingt, bestimmte Formen zu zeichnen, die ich zum Darstellen von Inhalten brauche. Dazu gehören:

- die perfekt gerade Linie,
- der exakt runde Kreis,
- das ausgewogene, präzise Rechteck oder Quadrat,
- der schöne Pfeil mit einer geraden Spitze im Gleichgewicht.

Da ich weiß, dass es mir häufig nicht gelingt, diese Formen schnell und professionell vor vielen Zuschauern zu zeichnen, habe ich beschlossen, dass ich sie nicht mehr verwende. Es gibt in meinen Zeichnungen also keinen perfekt gezeichneten Kreis oder Pfeil, kein genaues Rechteck oder Quadrat und keinen perfekten, geraden Strich.

Andererseits habe ich die Erfahrung gemacht, dass ich mit Hilfe dieser Formen – Linie, Kreis, Rechteck und Pfeil – eigentlich alle Aussagen, Sachverhalte und Prozesse wirkungsvoll darstellen könnte. Wie ich dieses Dilemma für mich gelöst habe, sehen Sie auf S. 57 ff. Dort zeige ich Ihnen den Bildbaukasten, den ich mir zusammengestellt habe. Er enthält die Elemente, die ich gut zeichnen kann und denen es mir gelingt, alle Inhalte ins Bild zu bringen. So ist es für jeden möglich, seine eigene Zeichensprache zu entwickeln.

*Zeichnen und mehr*

- Ich zeichne nur, was ich zeichnen kann.
- Ich zeichne, was ich will.
- Ich will nur, was ich kann.

*Visuelle Botschaft: Was ich mache hat Hand und Fuß*

Hinter diesen Aussagen steckt mehr für mich. Was immer ich mit dieser Einstellung zeichne, immer sende ich neben dem gezeichneten Inhalt zusätzlich eine Botschaft über mein Tun aus. Diese Botschaft heißt: »Ich habe es in der Hand. Was ich mache, das kann ich auch, das hat Hand und Fuß.« Das bringt eine Grundstimmung der Sicherheit für mein Tun. Das ist der Schlüssel dafür, dass mich alle meine Gesprächspartner, die mir beim Zeichnen zusehen, als einen professionellen Zeichner akzeptieren.

Natürlich gilt diese Erfahrung nicht nur für das Zeichnen, sondern ebenso für andere Tätigkeiten: Ich erreiche dann Professionalität, wenn ich in meinem Handeln erlebbar mache, dass ich die volle Kontrolle über das habe, was ich tue. Das Zeichnen kann dafür eine Übung sein.

Nur das zu tun, was ich wirklich kann und worin ich Routine habe, darf freilich nicht bedeuten, dass ich nichts in meinem Tun verändern, neu lernen und ausprobieren darf. Auf der Grundlage einer sicheren Routine entsteht für mich im Gegenteil die Verpflichtung und die Chance, Neues auszuprobieren und zu entwickeln. Veränderung kann auch in einer kontinuierlichen langsamen Weiterentwicklung erfolgen. So habe ich über Jahre erlebt, dass sich meine Art des Zeichnens in vielerlei Hinsicht verändert hat.

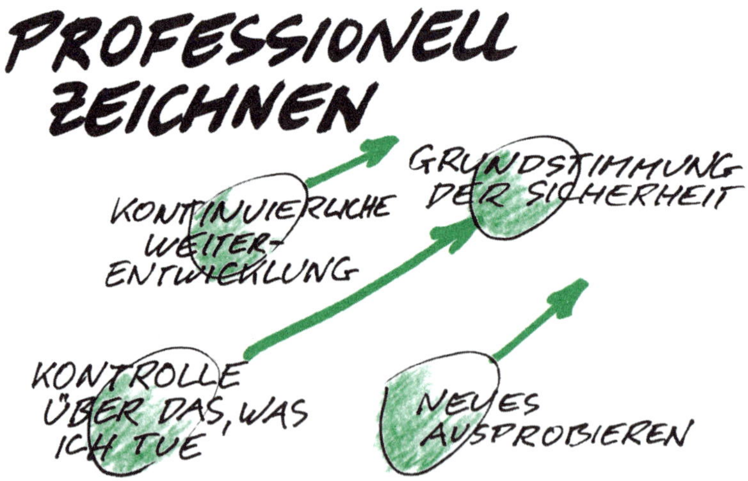

## Regel 2
## »Konsequenz«: Ich verwende beim Zeichen konsequent immer die gleichen Elemente

Dieser Satz bedeutet: Ich zeichne die Elemente, die ich für meinen Bildbaukasten ausgewählt habe, konsequent immer in der gleichen Weise. So erreiche ich, dass die Ähnlichkeit der Elemente untereinander sichtbar wird.

Für unser Zeichnen bedeutet das entweder sehr viel Übung oder eine sehr ökonomische Auswahl der Grundelemente, die wir auch mit wenig Übung immer wieder so zeichnen können, dass sie konsequent, ähnlich und durchgängig gekonnt aussehen.

*Durchgängiger Zeichenstil wirkt überzeugend und professionell*

In meinen Zeichenkursen habe ich gelernt, dass es nicht das Wesentliche war, welche Formen und Elemente die Teilnehmer für ihre visuelle Sprache auswählten. Wichtig war aber die Konsequenz und Durchgängigkeit, mit der sie die Darstellung ihrer Elemente realisierten. Allein dadurch, dass sie ihre Formen immer wieder in der gleichen Weise verwendeten, erschien ihre Darstellung überzeugend. Denn eine Form immer wieder ähnlich zu zeichnen heißt ja auch: Das ist kein Zufall, dass ich es so mache. Ich will diese Form eben genau so zeichnen. Eine nicht perfekt gezeichnete Form, die alleine für sich vielleicht nicht sehr geschickt erscheinen würde – so als hätte man sie nicht besser gekonnt –, kann sehr wohl überzeugend wirken, wenn ich sie immer wieder im gleichen Duktus verwende.

Durch eine solche Einheitlichkeit kann der Eindruck von Professionalität erreicht werden. Diese Beobachtung bestätigt sich, wenn man Karikaturen in Zeitungen oder Zeitschriften über längere Zeit verfolgt. Hier werden manchmal auch »nicht sehr gekonnt aussehende« Bildelemente zu einem Stilmerkmal des Karikaturisten.

### Regel 3
### »Routine«: Ich entscheide mich für meine eigenen klaren Regeln und schaffe mir meine persönliche Zeichenroutine

Wenn in diesem Buch von Regeln gesprochen wird, so sind diese als Vorschläge zu verstehen, nicht als »ein Muss für gutes Zeichnen«. Wesentlich ist, dass jeder seinen individuellen Weg des Visualisierens findet, seine eigenen Rituale definiert und auf seine Weise mit Leben füllt. Eine »Zeichendoktrin« darf es hier nicht geben. Ziel ist aber die Entscheidung für wenige einfache, klare Regeln, die zur eigenen Person passen und das Zeichnen sicher und gekonnt realisierbar machen.

*Mit wenigen Stiften und Symbolen arbeiten*

Konkret bedeutet das, aus der großen Palette von Farben, Materialien, Formen und Zeichenelementen wenige auszuwählen. Denn eine große Zahl verschiedener Stifte, Farben und Symbole würde beim Zeichnen unnötig viel Aufmerksamkeit in Anspruch nehmen und zu viel Zeit für die Auswahl kosten. Dadurch würde das Zeichnen von dem eigentlich Wesentlichen, den Inhalten und Wissensstrukturen, ablenken.

Empfehlenswert ist eine kleine Zahl von Grundsymbolen und Grundstrukturen, die es erlauben, alle Inhalte darzustellen. Außerdem sind Entscheidungen hilfreich, wie einzelne Elemente gebraucht werden: zum Beispiel die Richtung der Schrift, der Schwung der Bubbles, das konsequente Hinausschreiben über den Rand der Bubbles oder das Ziel, Linien mit einem klaren Beginn und einem klaren Ende darzustellen.

*Den persönlichen Zeichenstil entwickeln*

Solche Entscheidungen führen zu einem persönlichen Weg für das Zeichnen und schaffen Vertrauen und Routine. Außerdem unterstützen sie die Grundstimmung mit der Botschaft: Ich habe es in der Hand. Das Verwenden einer Schraffur für eine gezeichnete Figur kann etwa zum Ausdruck bringen: »Ich komme genau und präzise mit meinen Strichen und meiner Schraffur bis dorthin, wohin ich kommen will; und ich erreiche, was ich erreichen will.«

## Das Zeichnen ist das Wichtigste – und gleichzeitig das Unwichtigste

Das Wesentliche beim Arbeiten mit Bildern ist für mich nicht das Zeichnen. Gerade deshalb aber ist das Üben des Zeichnens so wichtig. Weil das Zeichnen eigentlich das Unwichtigste ist, braucht es viel Routine. Wenn diese Routine mit wenigen, immer wieder vorkommenden Zeichenelementen und einer ganz kleinen Auswahl immer wieder verwendeter Zeichenwerkzeuge ganz in »Fleisch und Blut« übergegangen ist, dann hat das Zeichnen den richtigen

Stellenwert erreicht. Zeichnen ist dann zur Routine geworden, über die wir nicht mehr nachdenken müssen, weil Farben- und Formenwahl automatisch ablaufen. So lenkt das Zeichnen unsere Aufmerksamkeit in keinster Weise von den Aussagen ab, die wir in der Arbeitssitzung hören oder besprechen. Das ist wesentlich, denn es geht beim Zeichnen in Dialogsituationen um die Inhalte, nicht um das Zeichnen. Die Inhalte sind es, die unsere ganze Aufmerksamkeit, Konzentration und Hinwendung brauchen.

*Zeichnenroutine macht frei für die Inhalte*

## Ausnahmesituationen

Die drei vorgestellten Regeln gelten vor allem dann, wenn ich in Anwesenheit von anderen Personen direkt in einer Workshopsituation zeichne, wenn ich alleine für mich sehr schnell etwas visuell darstellen will oder wenn meine neuen Zeichnungen zu bestimmten Workshopbildern passen sollen. Wenn ich aber zur Vorbereitung, zum Beispiel vor einem Workshop, alleine Bilder zeichne und genügend Zeit habe, oder wenn ich ganz spezielle Dinge oder Sachverhalte genauer und nicht mit meinen gewohnten Zeichenelementen darstellen will, dann macht es Sinn, einzelne meiner Regeln nicht zu beachten.

*Bilder für mich alleine entwickeln*

So kann ich beispielsweise durch das Benutzen von Vorlagen neue Zeichnungen und Piktogramme entwickeln, die nicht in das Repertoire meiner sonst genutzten Symbole gehören. Hierfür empfiehlt es sich, durch mehrfach optimierte Skizzen das Darzustellende so lange zu zeichnen, bis es gekonnt aussieht.

*Bild durch mehrere Skizzen entwickeln*

Manchmal passiert es mir, dass mich Teilnehmer einer Arbeitssitzung bitten, etwas ganz Bestimmtes zu zeichnen, das eigentlich nicht zu meinem Zeichenrepertoire gehört: beispielsweise einen bestimmten Fahrzeugtyp, eine bestimmte Maschine oder ein bestimmtes Tier. Und dies soll ich dann in den Zeichnungszusammenhang einbauen. Wenn ich das nicht ablehnen will, erlaube ich mir, zuerst mit Bleistift zu skizzieren, die Skizze zu optimieren und dann nachzuzeichnen. Ich lege dazu ein leeres Blatt Papier auf die Skizze und zeichne die durchscheinende Skizze nach. Das kann ich mehrfach hintereinander tun, bis ich mit meiner Zeichnung zufrieden bin.

# Mein Bildbaukasten

## Die Grundelemente

In der Folge möchte ich die Grundelemente aus der Sicht meiner drei Grundregeln vorstellen. Am meisten Gewinn haben Sie, wenn Sie beim Lesen gleich mitzeichnen. Das Ziel ist, dass Sie Ihren eigenen Bildbaukasten zusammenstellen:

*Was Sie am besten zeichnen und wiederholen können*

- mit den Formen, die Sie am besten zeichnen können,
- die Ihnen entsprechen und gefallen und
- die Sie immer wieder in der gleichen »Handschrift« wiederholen können.

Probieren Sie auch Alternativen aus. Entscheiden Sie sich dann aber für Ihre Form und zeichnen Sie diese im Kapitel »Entwicklung Ihres eigenen Bildbaukastens« (s. S. 135 ff.) ein.

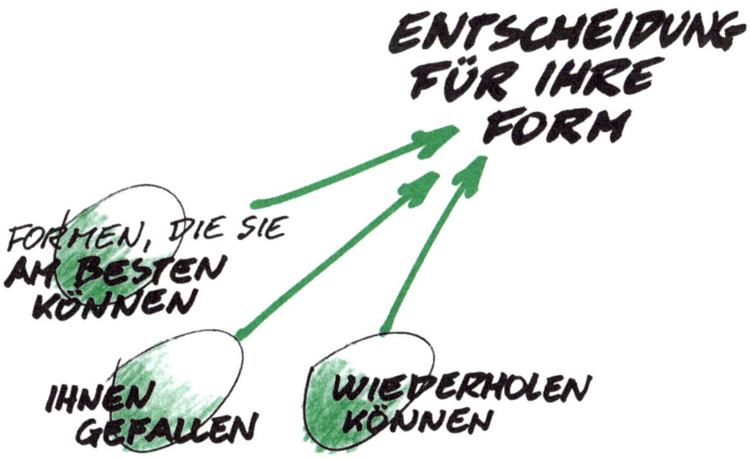

## Das Bubble

Es ist sehr schwierig, einen Kreis mit einer exakten Rundung gekonnt, professionell und ohne Ausbesserung zu zeichnen, vor allem, wenn andere zusehen.

Nach dem Motto: »Ich zeichne nur, was ich zeichnen kann!« habe ich daraus folgende Konsequenz gezogen: Ich zeichne keinen Kreis, weil ich keinen Kreis zeichnen kann. Stattdessen entscheide ich mich für eine Form, die ich immer wieder sehr ähnlich zeichnen kann, und die – wie der Kreis – eine Reihe wichtiger Funktionen in meinen Zeichnungen erfüllt.

*Bubble statt exakter Kreis*

Es ist das Bubble, ebenfalls wie der Kreis eine rundliche Form. Ich zeichne sie mit Schwung und denke dabei: »Ich zeichne eine positive Grundstimmung, wenn ich sie mit einer Tendenz nach rechts oben auf das Papier bringe.« Und ich erreiche damit eine ziemlich typische Form. Ich demonstriere damit auch: »Ich habe es in der Hand.« Vor allem wenn es mir gelingt, die beiden Enden der rundlichen Form ziemlich präzise immer wieder in der gleichen Machart zu schließen oder sie immer wieder in der gleichen Weise offen darzustellen.

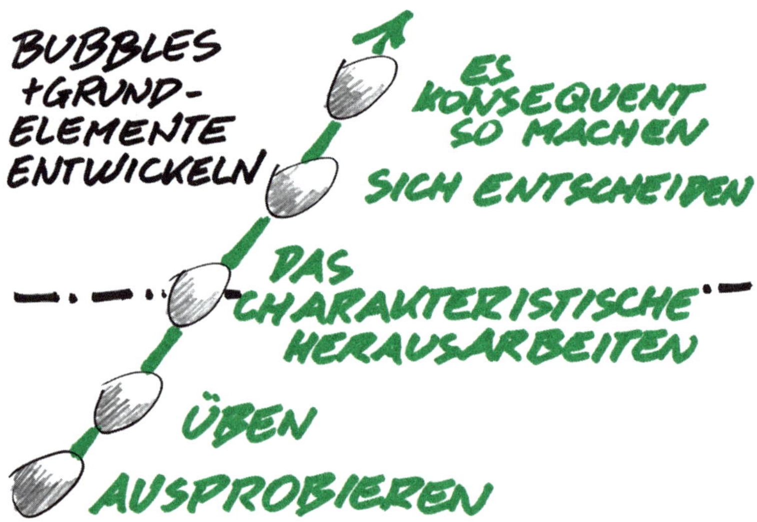

Mit dem entsprechenden Stichwort oder Symbol kann das Bubble ganz unterschiedliche Inhalte repräsentieren: einen Gesichtspunkt, eine Person, ein Arbeitsgebiet, eine Abteilung, eine Firma, einen Standort, ein Ziel, eine Aufgabe und vieles mehr.

## Der Strich

Ein exakt, genau und gerade aussehender Strich ist ohne Lineal schwer zu ziehen. Ich habe mich deshalb entschlossen, keinen geraden Strich zeichnen zu wollen. Mein Strich ist immer mit Schwung leicht gebogen. Selbst bei dieser trivial erscheinenden Form gelingt es mir, durch die Art und Weise, wie ich sie zeichne, Können zum Ausdruck bringen. Das liegt nicht nur an der konsequent durchgehaltenen Qualität der schwunghaften Bewegung. Auch die genaue Darstellung von Beginn und Ende des Striches, der klare Anfang und der klare Schlusspunkt der Linie, stützen diesen Eindruck.

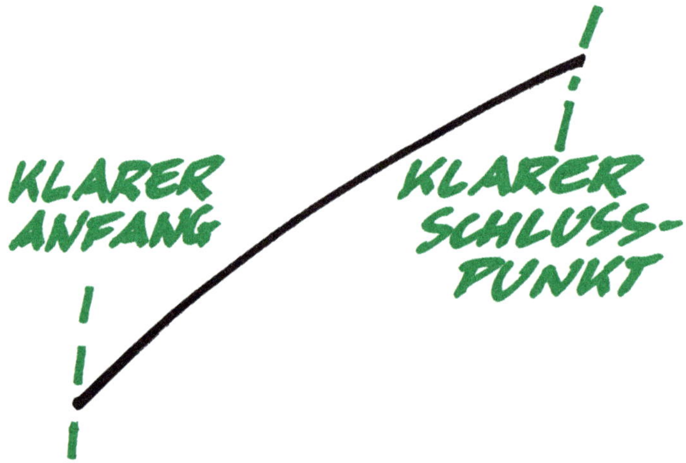


Hierdurch kann ich deutlich machen: »Genau bis hierher wollte ich, dass mein Strich geht, und kein bisschen weiter«, zum Beispiel wenn er genau bei der Überschneidung mit der Umrisslinie eines Bubbles endet.

## Die Verknüpfung von Bubbles durch Striche

Mit Hilfe von Bubbles und Strichen können bereits die Grundstrukturen für unterschiedlichste Infomationszusammenhänge dargestellt werden. Der Strich repräsentiert dabei die Verbindung. Die Bubbles verkörpern die einzelnen Inhalte und Informationselemente.

Ich zeichne die Linien so, dass diese zwar an der Umrisslinie der entsprechenden Bubbles enden, aber die gedachte Fortsetzung der Linien unmittelbar in das Zentrum des entsprechenden Bubbles führt. Das Zentrum des Bubbles ist dabei der optische Mittelpunkt. Diese Darstellungsweise bewirkt, dass die Struktur gekonnt und ausgewogen aussieht. Im Gegensatz dazu fällt uns immer wieder in grafischen Darstellungen auf, dass die Verknüpfungen von Kreisen, Ovalen oder rechteckigen Kästchen unausgewogen aussehen. Es entsteht der Eindruck, etwas sei »daneben«.

*Den optischen Mittelpunkt beim Verbinden von Bubbles treffen*

Der Grund dafür ist, dass der optische Schwerpunkt als Ziel der Verbindungslinien nicht beachtet wurde, und dass die Platzierung der Verknüpfungen in einem einzigen Schema an verschiedenen Stellen ziemlich unterschiedlich erfolgt ist, ohne klar durchgehaltenes Konzept, ganz beliebig: zum Beispiel mal von der Ecke eines rechteckigen Kästchens aus, dann mehr oder weniger genau in die Mitte zielend. Besonders störend ist dies, wenn es bei zwei verknüpften Elementen sehr unterschiedlich gehandhabt wurde.

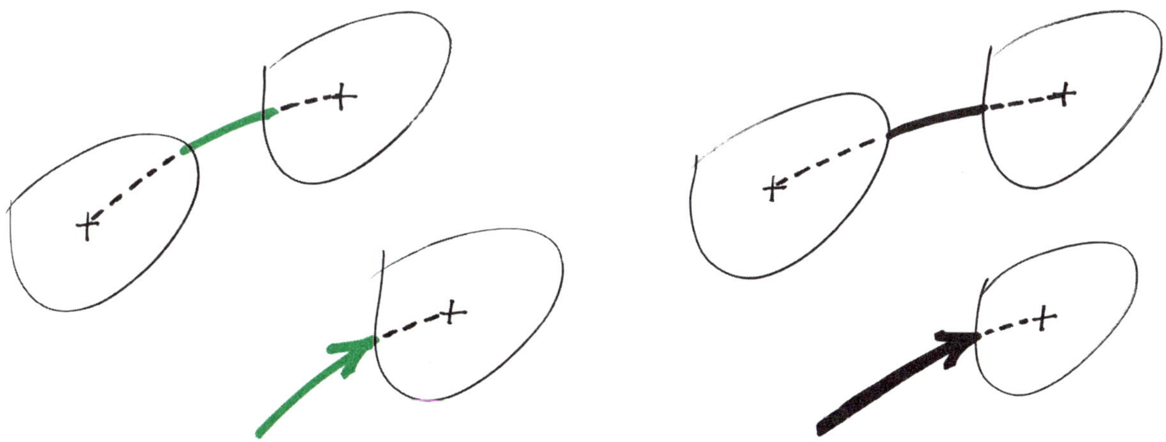

## Der Pfeil

Die Teilnehmer meiner Zeichenseminare haben sich immer wieder darüber beklagt, dass ihre Pfeile wegen der unregelmäßigen, unsymmetrischen Spitze nicht gekonnt aussehen.

Mich persönlich stört das nicht, aber man kann diese Pfeile durch einen kleinen Trick optimieren. Nehmen wir als Vorbild die Pfeile, wie sie manchmal von Architekten gezeichnet werden. Wir können die Enden der Linien, die die Pfeilspitze bilden, einfach durch einen Strich miteinander verbinden. So entstehen an der Spitze unseres Pfeiles zwei geschlossene Dreiecke. Wen die Unregelmäßigkeit der beiden Dreiecke stört, der kann eines der beiden Dreiecke mit der Pfeilfarbe ausfüllen.

Dadurch zeigen Sie, dass Sie eine symmetrische und gleichmäßige Darstellung gar nicht angestrebt haben. Dies ist wieder eine Möglichkeit, die erste Regel zu praktizieren: »Ich zeichne nur, was ich zeichnen kann.« Sie können hinzufügen: »... und wie ich es zeichnen will.« Eine interessante Wirkung können Sie erzielen, wenn Sie das Dreieck mit Farbe so füllen, wie es die menschliche Wahrnehmung von Licht und Schatten gewöhnt ist: Füllen wir das unten liegende Dreieck einer Pfeilspitze mit Farbe aus, dann erscheint es dunkler als das nicht ausgefüllte. So wird eine plastische und räumliche Wirkung unterstützt. Das unten liegende Dreieck wird in unserer Wahrnehmung gleichsam für die Schattenseite, das oben liegende für die beleuchtete Seite der Pfeilspitze stehen. Dies entspricht unserer Erfahrung in der Natur, in der wir gewohnt sind, dass das Licht von oben kommt. Außerdem hat der dunklere Teil der Pfeilspitze optisch mehr Gewicht als der hellere und ist deshalb für eine ausgewogene Zeichnungsstruktur besser unten platziert.

*Weitere Informationen zu Licht und Schatten finden Sie auf Seite 70*

### Die Personen

Wenn ich in meinen Zeichenseminaren Personen zeichnen lasse, dann sehe ich immer wieder bei einigen Teilnehmern Strichmännchen auf dem Papier entstehen. Ich zeige diese Zeichnungen dann herum und weise darauf hin, dass diese Darstellungen sehr an Kinderzeichnungen erinnern. Dies kann störend sein, wenn wir Inhalte visualisieren wollen, welche seriös diskutiert werden sollen, die wichtige, ernst zu nehmende Themen behandeln. Um von der kindlichen Darstellung wegzukommen, gibt es einen einfachen Trick. »Beschränken Sie sich bei Ihren Personen nicht auf das Gerippe, geben Sie ihnen Fleisch.« Schon wenn wir einem Strichmännchen durch eine farbige Schraffur körperliches Volumen an den richtigen Stellen geben, ändert sich der Eindruck grundlegend.

*Strichmännchen vermeiden, damit Ihre Zeichnung nicht kindlich aussieht*

Ich zeichne Personen immer durch Umrisslinien, die ihr Körpervolumen andeuten. Dabei verwende ich zwei Typen von Piktogramm-Symbolen:

- stehende und
- sitzende Personen.

Beide Typen können in sehr unterschiedlicher Weise dargestellt werden:

- in einer rundlichen oder
- in einer eckigen Formensprache.

*Proportionen von Personen*

Erstes und auffälligstes Kriterium für die zeichnerische Qualität unserer Person ist ihre Proportion, in erster Linie das Verhältnis von den Beinen zum Oberkörper und zum Kopf. In meiner Zeichenpraxis habe ich diese Proportion nie metrisch ermittelt. Mit ein bisschen Übung gelingt es, die Größenverhältnisse automatisch gut zu treffen. Für meine Zeichenschüler habe ich trotzdem einmal versucht, die Proportion zu beschreiben, die ich in meinen gezeichneten Personen herausgemessen habe. Meine stehenden Personen kann man in sechs Maßeinheiten unterteilen:

- Die oberste Maßeinheit markiert die Größe des Kopfes.
- Der Oberkörper nimmt im Wesentlichen die nächsten zwei Maßeinheiten ein, wobei ich die Umrisslinien rechts und links gerne etwas länger zeichne – bis zu einer Maßeinheit weiter nach unten.
- Die Beine gehen vom Boden aus zwei bis drei Maßeinheiten nach oben.

Meine sitzenden Personen zeichne ich drei Maßeinheiten groß:

- Zwei Maßeinheiten hat der Oberkörper,
- eine Maßeinheit der Kopf.

Die Darstellung von Kindern gelingt am besten, wenn wir den Kopf unserer Person im Verhältnis zum Körper größer zeichnen. Bis zu einer gewissen Kopfgröße kann man sagen: Je kleiner das Kind, desto größer der Kopf im Verhältnis zum restlichen Körper. Eindeutig als Kind ist unsere Person erkennbar, wenn wir sie neben eine erwachsene Person zeichnen. Dabei können wir beide symbolisch so miteinander verbinden, dass es aussieht, als gäben sie sich die Hand.

Gerne gebe ich meinen Personen eine feste Basis:

- eine schnelle Linie für den Boden, auf dem sie stehen, oder
- den Tisch, an dem sie sitzen.

Beim Zeichnen von Personen ist mir eine stark vereinfachte Darstellung wichtig. In der Regel führe ich weder Arm- noch Beinstellungen besonders aus. Ich zeichne keine Hände oder Füße außer in bestimmten besonderen Fällen, wenn dies für die inhaltliche Aussage notwendig ist. Auch dann führe ich allerdings keine Details aus. Dies gilt gleichermaßen für das Zeichnen der Köpfe meiner Personen. Ich verzichte grundsätzlich auf die Darstellung von Gesichtern.

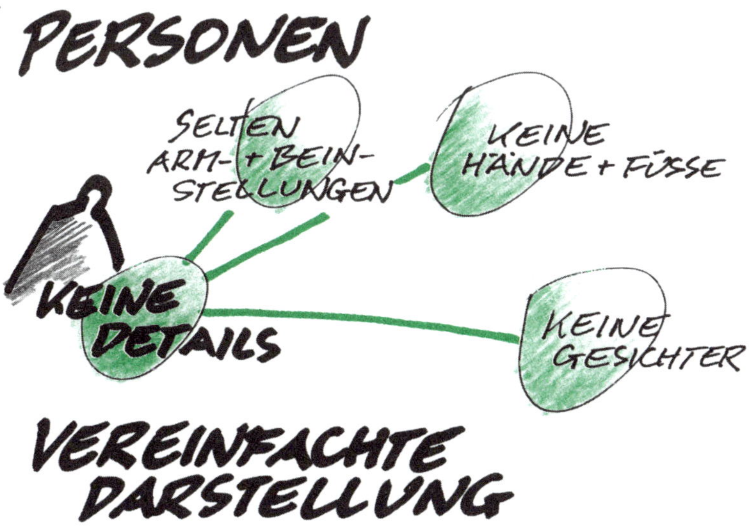

Das Zeichnen von Gesichtern zeigt besonders deutlich, was die Umsetzung der Regel »Ich zeichne nur, was ich zeichnen kann« bedeutet. Es ist schwierig Gesichter schnell, gekonnt und aussagegerecht zu zeichnen. Dies hat mehrere Gründe:

*Gesichter zeichnen?*

- Es ist schwierig, die einzelnen Elemente des Gesichts: Stirn, Augen, Nase, Mund und Ohren, professionell zu zeichnen. Außerdem müssen die Größenverhältnisse und Abstände zwischen den einzelnen Elementen ziemlich genau stimmen. Beides ist wichtig, damit unsere Zeichnung nicht lächerlich wirkt.
- In Gesichtern sehen wir leicht bestimmte Personen. Die Ähnlichkeit zu Personen muss aber gekonnt und sicher dargestellt werden.
- Gesichter zeigen eine Stimmungslage: Freude, Trauer, Glück, Ärger. Der Ausdruck der Zeichnung muss übereinstimmen mit der inhaltlichen Intention und der Aussage, die gemacht werden soll.

In meinen Zeichenübungen habe ich häufig erlebt, dass Gesichter, die von Teilnehmern gezeichnet wurden, Gelächter bei den Betrachtern hervorgerufen haben. In einer Arbeitssitzung oder einem Workshop, in dem ernsthaft inhaltlich gearbeitet werden soll, würde das stören. Daher sage ich den Teilnehmern meiner Zeichenkurse oft: »Vorsicht vor Gesichtern.«

## Andere Zeichenelemente und der Charakter der Bilder

Mit Hilfe dieser bisher besprochenen Zeichenelemente sind bereits praktisch alle Inhalte bildlich darstellbar. In Kombination miteinander können sie Strukturen, Inhalte und Zusammenhänge zum Ausdruck bringen. Einen illustrativen oder dekorativen Charakter können wir dadurch erreichen, dass weitere Elemente in die Bilder eingebaut werden: verschiedene Gegenstände, technische Elemente, Maschinen, Fahrzeuge, Tiere, Pflanzen, Landschaften, Gebäude.

Ich bevorzuge es, meine Bilder eher nüchtern zu halten und nur so viele Bildelemente zu verwenden, wie unbedingt notwendig, um die Inhalte klar darzustellen und diskutierbar zu machen. Weitere Bildelemente oder genauer ausgeführte realitätsnähere Darstellungen verwende ich nur, wenn dies zur inhaltlichen Klärung notwendig ist, inhaltlichen Mehrwert schafft oder wenn für einen Gesichtspunkt besondere Aufmerksamkeit geweckt werden soll.

Je nachdem, welche Bildelemente und welchen Zeichenstil wir wählen, kann unsere Visualisierung ganz unterschiedlichen Charakter zeigen:

*Unterschiedlicher Charakter verschiedener Zeichnungen*

- nüchtern, seriös, wenn wir uns auf die einfachsten Elemente beschränken;
- ernsthaft gehalten, für ein Projekt;
- illustrativ, wenn unsere Zeichnung viele realitätsnahe Details enthält, die konkreter sind als die bei den Grundelementen beschriebenen Formen;
- unterhaltsam, auflockernd.

Auch der Anteil von Schriftelementen im Vergleich zur Menge der Zeichenelemente wirkt sich auf den Charakter der Bilder aus.

# Farben

Für die farbliche Gestaltung wäre es möglich, nach Erkenntnissen der Farbpsychologie oder den Erfahrungen über die Symbolik der Farben vorzugehen. Ich habe mich aber für einfachere Kriterien der Farbauswahl entschieden, die mein Zeichnen schneller machen. Trotzdem hier ein paar Bedeutungen, die mit den Farben verknüpft werden:

*Farbsymbolik*

- Rot: dynamische anregende Kraft, Stimulation, Energiebeschleuniger, Liebe, Wut, Feuer, Blut, Symbol des Kriegs, Herrschen, brutale Gewalt, Liebeslust, Fahne der Revolution, Purpur der Könige, Begeisterung, Extrovertiertheit, Emotion, Signalfunktion.
- Orange: ähnlich wie Rot, lebendige Kraft, Feuer, Sonne, Licht, Wärme.
- Gelb: Reflexion, Meditation, Veränderung, Expansion, dynamisches Gleichgewicht, Lachen, Freude, Leichtigkeit, Gesamtheit des Lichts, überlaufender Glanz, materieller Reichtum, Geist, Herrschen, alle Möglichkeiten, Farbe des Philosophen, Klarheit, Expansion, Signal für Unvorhergesehenes.
- Grün: Frische, Kälte, Sicherheit, Energieverlangsamer, Ruhe, Stille, Beruhigung, Gleichgewicht, Analyse.
- Blau: Kälte, Frische, Introvertiertheit, Beruhigung, Ruhe, Fülle, Entspannung, Tiefe, Traum, Meditation.
- Violett: Magie, Dichte der Materie, Mystik, Melancholie.

## Meine Farbauswahl für schnelle Bilder

*Vereinfachte Farbwahl*

Die Auswahl der Farben für diese Art von Bildern richtet sich für mich in erster Linie nach Kriterien der Einfachheit und Operationalität beim Zeichnen. Wie die Verwendung der Formen, so nutze ich auch die Farben zur inhaltlichen Darstellung.

Folgende Funktionen kann ich durch sie erreichen:

*Funktionen der Farben*

- Hervorheben,
- inhaltlich Unterstützen sowie
- Unterscheiden.

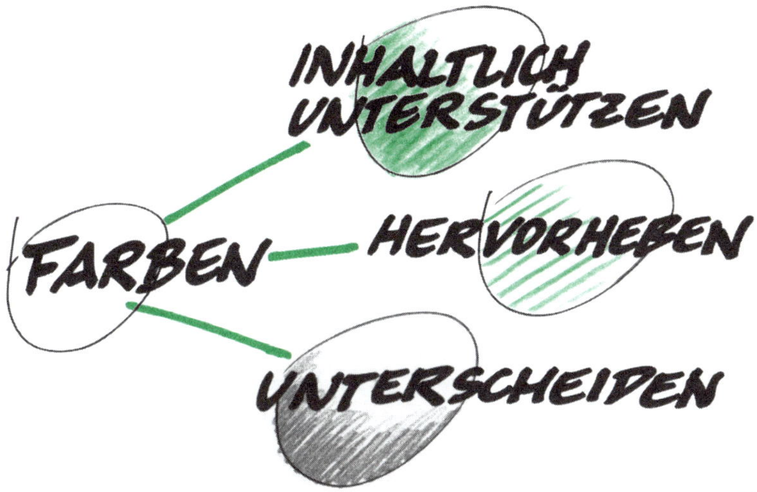


Unterscheiden und Hervorheben von Inhalten gehen Hand in Hand: Rot, Orange und Gelb dienen zur Unterscheidung von unterschiedlichen Gesichtspunkten, Abteilungen, Personen, Produkten, Arbeitsschritten und Ähnlichem, die ich gleichzeitig als wichtig hervorheben möchte. Grün, Hellblau und Dunkelblau benutze ich zur Unterscheidung weniger wichtiger Aspekte.

Hilfreich erscheint mir die Entscheidung für wenige Farben. Dies erlaubt es uns, in kurzer Zeit eine sichere Routine für die Farbwahl zu entwickeln. Schnelligkeit ist für mich wichtig. Ich will nicht viel Zeit und Überlegung für die Auswahl aus einer großen Palette von Farben aufwenden. Wichtiger ist es mir auch hier, meine Aufmerksamkeit und Energie auf die Inhalte zu konzentrieren.

*Unterschiedliche Strukturen*

Die verschiedenen Farben nutze ich zum Ausfüllen der gezeichneten Elemente. Dabei eröffnet die Kombination mit unterschiedlichen Strukturen und unterschiedlichen Arten von Stiften trotz der wenigen ausgewählten Mittel ein breites Spektrum von Möglichkeiten für die inhaltliche Gestaltung.

Im Folgenden möchte ich beschreiben, welche Farben ich in meinen Bildbaukasten aufgenommen habe und wofür ich sie verwende.

## Grundgerüst und farbige Schwerpunkte

*Schwarz als tragendes Gerüst*

Umrisse von Elementen wie Bubbles oder Personen zeichne ich immer schwarz. Diese schwarzen Linien bilden zusammen mit roten und orangefarbenen Pfeilen oder Verbindungslinien ein Gerüst, das den Zeichnungen Zusammenhalt und eine Grundstruktur gibt.

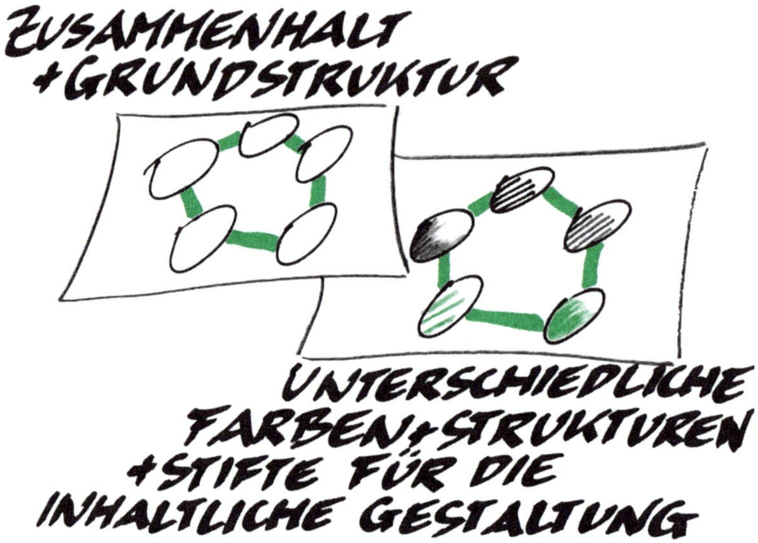


Das ist mir in der Vielfalt der Elemente wichtig. Farbige Umrisslinien würden aus meiner Sicht zu viel Unruhe in die Bilder bringen. Dieses Streben nach Einheitlichkeit unterstütze ich durch die Textelemente. Ich schreibe immer mit Schwarz, nur in bestimmten Fällen verwende ich Rot (s. S. 73 ff. »Die Schrift«).

*Farbe und Inhalt*

Durch farbiges Ausfüllen von Bubbles, Personen und anderen Elementen können wir nicht nur die einzelnen Elemente im Hinblick auf Inhalt, Zusammengehörigkeit oder Wertigkeit markieren, sondern auch im Bild optische Gewichtungen vornehmen, die inhaltliche Bedeutung für die Bildstruktur haben. Durch Farbdichte und teilweises Ausfüllen von Zeichenelementen dosieren wir die Größe des Schwerpunktes und simulieren so eine Licht- und Schattenverteilung. Wenn wir Schwerpunkte in einem Bild setzen, so ist es interessant zu beachten, dass wir damit Ausgewogenheit oder Ungleichgewicht zum Ausdruck bringen können. Das kann so weit gehen, dass das Bild »optisch umkippt«, wenn wir die Schwerpunkte entsprechend verteilen.

Außerdem können wir auch ganze Bildmodule in einer Bilderwand als Schwerpunkt hervorheben.

## Meine Farben und Stifte

Die folgende Tabelle zeigt welche Farbe ich mit welchem Mittel beziehungsweise welcher Stiftart, für Zeichenelemente, Inhalte oder Funktionen verwende und welche Qualität ich so für den dargestellten Inhalt symbolisiere.
Bleistift verwende ich gerne in kleineren Bildern für Umrisse, Schrift und Schraffur.

*Funktionen von Farben und Stiften*

| Farbe | Stiftart | Zeichenelemente, Inhalte, Funktionen | Qualität |
|---|---|---|---|
| **Rot** | Filz- und Farbstift | • Pfeile<br>• Verbindungslinien<br>• Überschriften<br>• Wichtige Schlüsselwörter<br>• Hebt hervor. | • Wichtiges<br>• Verbindungen und Verknüpfungen<br>• Richtungen zeigen und auf etwas hinzielen |
| **Orange** | Filz- und Farbstift | • Pfeile<br>• Verbindungslinien | Unterscheidung gegenüber Wichtigem, das in Rot dargestellt ist |
| **Gelb** | Nur Farbstift | • Für das Leuchtende, Strahlende, Glänzende, Hervorhebende<br>• Das Ergebnis herausstellen, das wir anstreben | • Verbindender, hervorhebender und wesentlicher Kontext<br>• Verbindender Hintergrund |
| **Grün** | Nur Farbstift | • Für alles Natürliche, Freundliche und Gemeinschaftliche<br>• Für das Kommunikative<br>• Für Ökosysteme<br>• Zur Darstellung des Zusammenspiels | Wirkt harmonisch, naturverbunden und nachhaltig |
| **Dunkelblau** | Nur Farbstift | • Lässt sich einsetzen für alles Technische<br>• Zur Darstellung von Maschinen | |
| **Hellblau** | Nur Farbstift | • Als Hintergrund<br>• Ideal für das Leichte, nicht genau Festgelegte | • Für nicht so Wichtiges<br>• Alles, was in den Hintergrund tritt |
| **Schwarz** | Nur Filzstift | • Schrift<br>• Überschriften<br>• Erklärendes<br>• Alle Konturen | • Schwarze Umrisse<br>• Oft als Struktur, die das Bild »zusammenhält« (Gerüst des Bildes)<br>• Schriften als Rahmen |

## Vergleich Filzstift und Farbstift – Ausfüllen von Zeichenelementen

*Der richtige Stift für den entsprechenden Zweck*

Den Einsatz von Filz- und Farbstiften konnten Sie schon der vorangegangenen Tabelle entnehmen. Zur Verdeutlichung möchte ich aber beide nochmals im Vergleich gegenüberstellen.

Zu Filzstiften lässt sich Folgendes festhalten:

- **Striche:** Klaren Anfang und genauen Endpunkt beachten.
- **Weiterverarbeitung:** Die harten Umrisse sind besonders gut geeignet für die Reproduktion (Computer oder Kopie).
- **Aber:** Es sind keine Zwischentöne möglich.
- **Zu beachten ist:** Mit einer Strichstruktur können leicht Textelemente und Worte »durchgestrichen« werden.
- **Schraffur:** Eine flächige Schraffur mit Filzstift sieht meist »geschmiert« aus.

Farbstifte sowie Bleistifte sind für den folgenden Einsatz geeignet:

- **Schraffur:** Künstlerische Tradition, interessante Strukturen.
- **Zwischentöne** entstehen.
- **Licht und Schatten** lassen sich andeuten, dies bringt plastische und räumliche Eindrücke.
- **Strichstruktur:** Es kann auch über Worte gezeichnet werden, ohne diese »durchzustreichen«.
- **Großflächige Strukturen** sind möglich.

Auch Wachsmalkreide kann zum Ausfüllen verwendet werden. Blockkreiden sind sehr schön für flächige Strukturen und Hintergründe von Charts. Probieren Sie aus, was Sie am liebsten in Ihren Bildbaukasten aufnehmen.

# Die Schrift

## Die Schwierigkeit mit der Schrift

Wenn ich ein zweitägiges Zeichenseminar halte, so gelingt es, die bisher genannten Zeichenelemente so weit zu üben, dass es für jeden Teilnehmer möglich ist, seinen eigenen Bildbaukasten zusammenzustellen. Oft fragen mich aber die Teilnehmer gezielt: »Wie könnten wir es nur schaffen, eine gute Schrift zu bekommen?« Dann versuche ich mit den Teilnehmern, das Schreiben zu üben. Bei der Schrift können wir aber nicht so schnell vorwärtskommen wie bei den bisher beschriebenen Zeichenelementen. Schrift braucht weitaus mehr Übung. Ein Grund dafür mag sein, dass wir uns in unserem Alltag über längere Zeit eine bestimmte Art zu schreiben angeeignet haben.

*Gute Schrift, aber wie?*

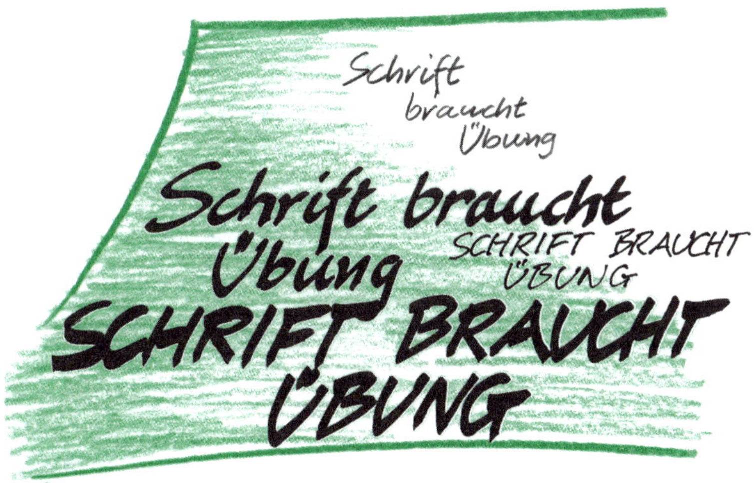

## Ein Trick zur sofortigen Verbesserung Ihrer Schrift

*Wohlwollende Hinwendung zu dem, für den wir schreiben*

Zurzeit gebe ich meinen Teilnehmern folgenden Tipp, wenn sie mich fragen, wie sie sich schnell eine gute Schrift aneignen können: »Ihre Schrift wird nie ganz ›daneben‹ sein oder unschön aussehen, wenn Sie einfach nur gut leserlich schreiben. Das bringt schon sehr viel. Denken Sie mit Wohlwollen an die Person, für die Sie schreiben. Diese soll Ihre Schrift gut lesen können. Sie soll verstehen, was Sie schreiben, und möglichst viel davon haben. Konzentrieren Sie sich auf den Empfänger, statt sich verkrampft zu zwingen, um jeden Preis professionell schreiben zu wollen.«

## Entwicklung Ihres persönlichen Alphabets

Wenn wir uns bemühen, leserlich und einheitlich zu schreiben – möglichst in Druckbuchstaben –, so ist der erste Schritt in Richtung einer individuellen gekonnten Schrift getan. Wir erkennen, was das Typische an unseren Buchstaben ist und wie wir diese in eine leserliche Schrift verwandeln können. Auf dieser Grundlage können wir unser persönliches Alphabet zusammenstellen.

*Finden Sie die für Sie typischen Buchstaben*

Sehen Sie dazu Ihre geschriebenen Texte an und suchen Sie die Buchstaben heraus, die Ihnen gefallen. Diese schreiben Sie ein paar Mal und versuchen dabei herauszuarbeiten, was Sie an diesen besonders gelungen finden. Die besten

Buchstaben schreiben Sie dann nochmals als Alphabet nebeneinander. Das ist die Grundlage für Ihr weiteres Üben. So gehen Sie von Ihrem gewohnten Schreibstil aus, was Ihnen das Üben der Schrift erleichtern wird.

*Am besten einen konsequenten Schreibstil üben*

Wählen Sie diejenigen Buchstaben aus,

- die gut leserlich, ansprechend sind und Ihnen gefallen,
- die Sie gekonnt und schnell ausführen können und
- die Sie immer wieder konsequent und in der gleichen Weise wiederholen können.

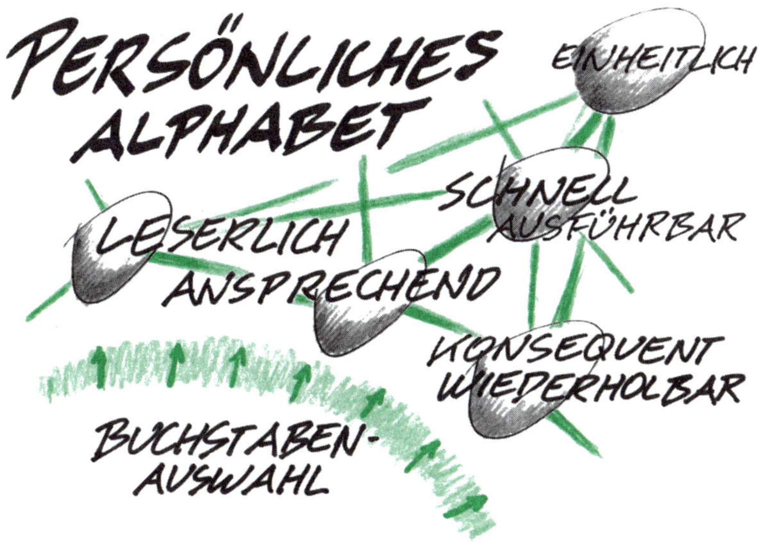


Es ist dabei wichtig, die passende Stifthaltung zu finden. Probieren Sie diese am besten mit verschiedenen Stiften aus.

## Schriftmodelle und Regeln

Wenn Sie sich die Zeit nehmen wollen und Freude daran haben, können Sie eine Schrift nach einer Modellvorlage üben. Bei meiner Schrift habe ich mich für folgende Grundregeln entschieden:

- Ich schreibe immer gerade, auf einer gedachten horizontalen Linie (nicht um eine Rundung herum).

*Meine Schriftregeln*

- Ich verwende in allen meinen Bildern drei Schriftgrößen: Überschriften und Schlüsselbegriffe groß, weitere Stichwörter mittelgroß, erklärende Textelemente klein.
- Die verschiedenen Schriftgrößen, die ich innerhalb eines Bildes verwende, unterscheiden sich deutlich voneinander.
- Ich versuche nie, meine Schrift in eine gezeichnete Form hineinzupressen. Da das oft nicht gelingt, habe ich mich dafür entschieden, grundsätzlich über die Konturen von Bubbles oder anderen gezeichneten Formen hinauszuschreiben.
- Um die Lesbarkeit zu erleichtern, vermeide ich es, Wörter zu trennen oder abzukürzen.

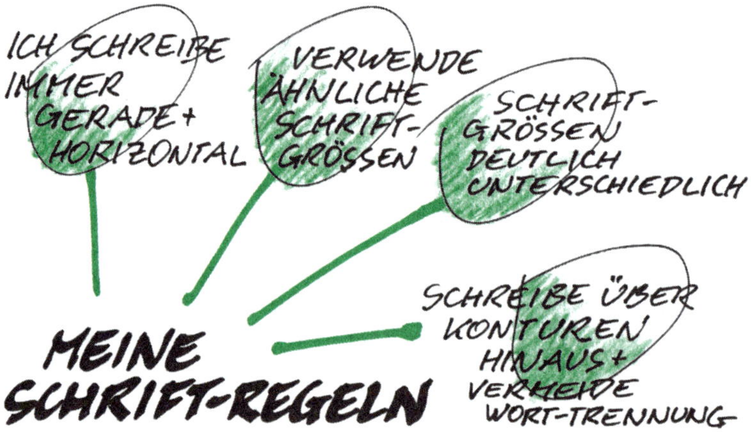


## Schrift mit Groß- und Kleinbuchstaben

*Vorlage für Groß- und Kleinbuchstaben*

In seinem Buch »100 Tipps & Tricks für Pinnwand und Flipchart« schlägt Bernd Weidenmann eine Schrift mit Groß- und Kleinbuchstaben zum Üben vor. Diese Schrift ist auf Diskette für den PC zu beziehen bei der Firma Neuland, Postfach 1180, 36124 Eichenzell, www.neuland.de.

A B C D E F G H I J K L M N O P Q R S T U V W X Y Z

a b c d e f g h i j k l m n o p q r s t u v w x y z

1 2 3 4 5 6 7 8 9 0

Weidenmann rät, darauf zu achten, dass die Buchstaben nahe genug zusammengeschrieben werden.

Hier sehen Sie, wie ich gerne Groß- und Kleinbuchstaben sowie Zahlen schreibe.

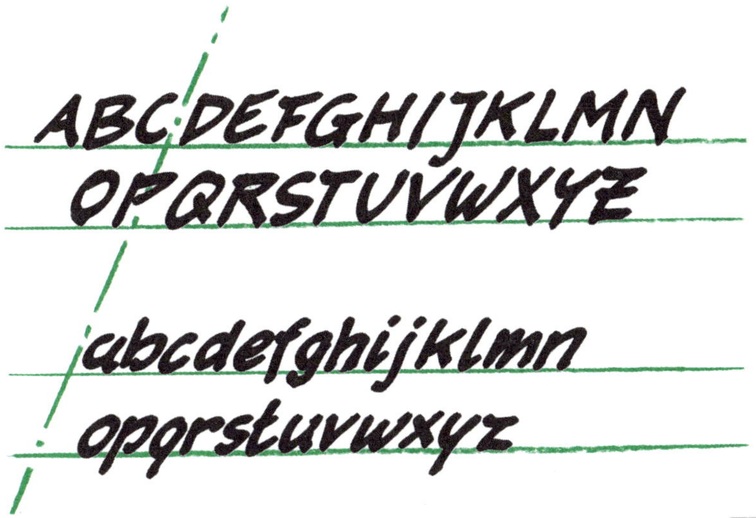


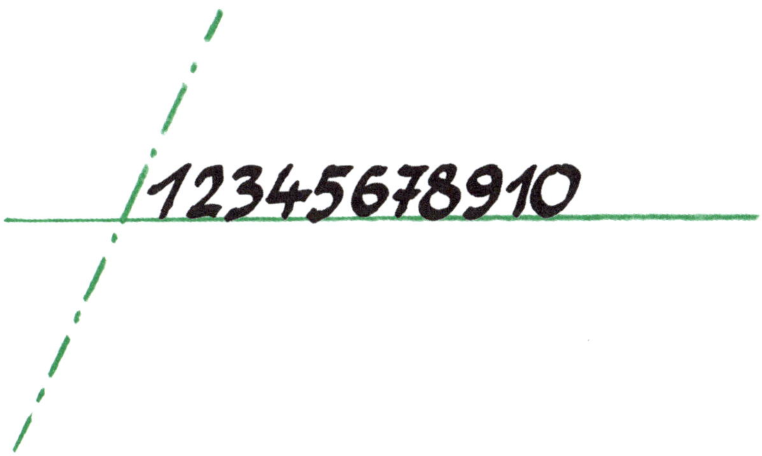

### Schrift mit Großbuchstaben

*Klarere, ruhigere Schriftblöcke durch Großbuchstaben*

Das Schreiben ausschließlich mit Großbuchstaben hat gegenüber der Groß- und Kleinschreibung Vor- und Nachteile: Texte, die ausschließlich in Großbuchstaben geschrieben werden, sind nicht so gut lesbar. Dennoch bevorzuge ich sie, weil sie klarere und ruhigere Schriftblöcke bilden. Dies erscheint mir wichtig, da die manuelle Darstellung mit verschiedenen Zeichenelementen und den unterschiedlichen Farben meist bereits sehr vielfältig aussieht und eher eine Tendenz zur Unruhe hat.

Mit Hilfe von Großbuchstaben können wir optisch einheitliche Schriftblöcke bilden. Sie schaffen bei unruhigen Zeichnungen eine stabile Basis oder eine Art Rahmen.

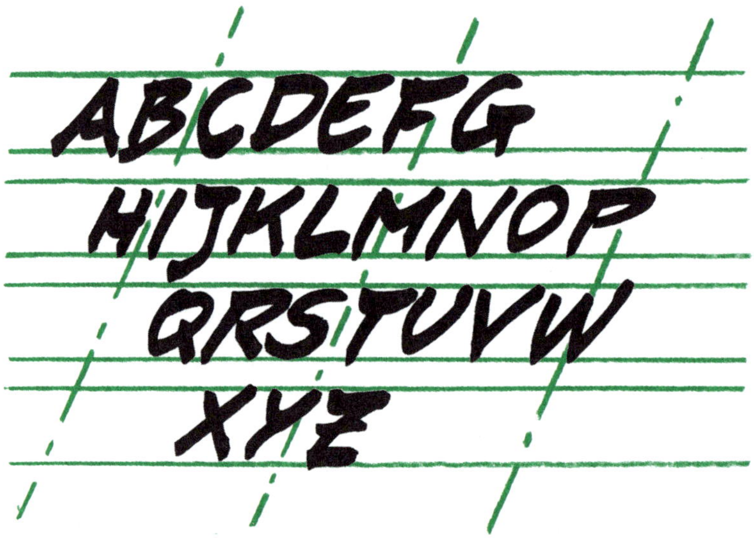


Dies ist für Flipcharts genauso wohltuend wie für Bildmodule. Als hilfreich zeigt sich die Fassung durch Schriftblöcke bei Serien mit nebeneinander oder untereinander angeordneten Bildmodulen oder bei größeren Bildwänden. Hier helfen Schriftblöcke, die einzelnen Bildmodule als Einheiten voneinander abzugrenzen.

Wie in den Zeichenelementen unterstütze ich gerne auch durch die Schrift symbolisch eine positive Stimmung, indem ich meine Buchstaben nach rechts oben ausrichte. Als Schriftfarbe verwende ich fast ausschließlich Schwarz. Nur in besonderen Fällen, zum Beispiel um etwas besonders hervorzuheben oder um einenText von einer schwarzen Schrift zu unterscheiden, verwende ich die Farbe Rot.

Dabei nutze ich im Wesentlichen drei Schriftgrößen auf DIN-A4-Querformat (s. auch »Das Layout«, S. 84):

*Drei deutlich voneinander unterschiedene Schriftgrößen*

- Überschriften und Schlüsselbegriffe, die in das Bild hineinführen, schreibe ich so groß, dass sie auch aus der Entfernung – beim Gespräch mit einer Gruppe von Personen über die Bilder – gut lesbar sind.
- Weitere wichtige Stichwörter schreibe ich etwas kleiner, aber so, dass sie für die Gesprächspartner noch lesbar sind.
- Erklärende Texte schreibe ich noch kleiner, sodass diese nur aus nächster Nähe lesbar sind. Aufgrund der kleineren Schriftgröße können so ausführlichere Erklärungen, Zusätze und Hinweise aufgeschrieben werden. Diese müssen aber nicht für alle Gesprächsteilnehmer aus der Entfernung lesbar sein. Sie können von einer Person vorgestellt werden, die nahe genug am Bild steht. Alle Teilnehmer sollten aber die Position dieser Texte im Bild und damit ihren Kontext, ihre Verknüpfungen und ihre Zugehörigkeit zu Bildelementen auch noch von Ferne gut erkennen.

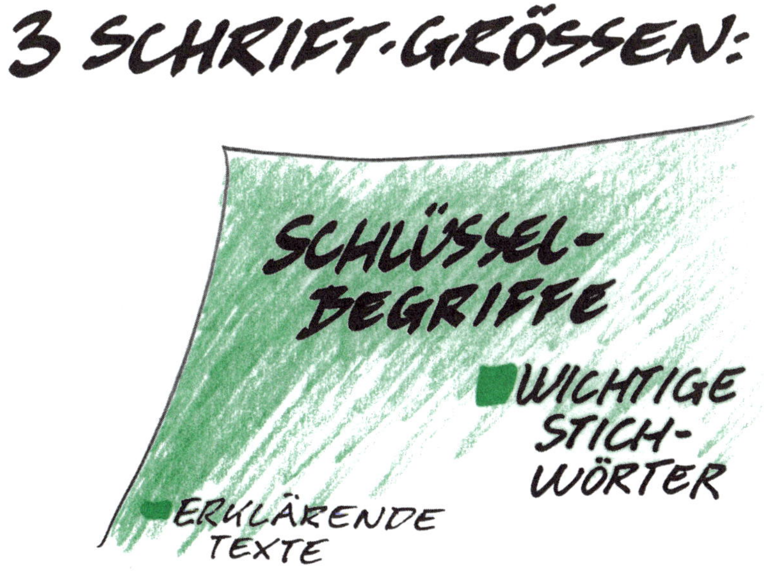

# Die Gestaltung eines Bildes

## Strukturqualitäten

*Inhaltsstrukturen sichtbar machen*

Der Schlüssel für die effektive visuelle Inhaltsarbeit ist es, durch die Bilder und ihre Bildelemente klare Strukturen sichtbar zu machen. Sie werden dadurch leichter verständlich und besser diskutierbar. Folgende Möglichkeiten haben wir dafür zur Verfügung:

- Platzierung der Zeichenelemente innerhalb des Bildes,
- Größe der Bildelemente,
- optische Schwerpunkte,
- Verknüpfungen der Bildelemente,
- Klarheit über Unklarheit,
- Dichte und Leere.

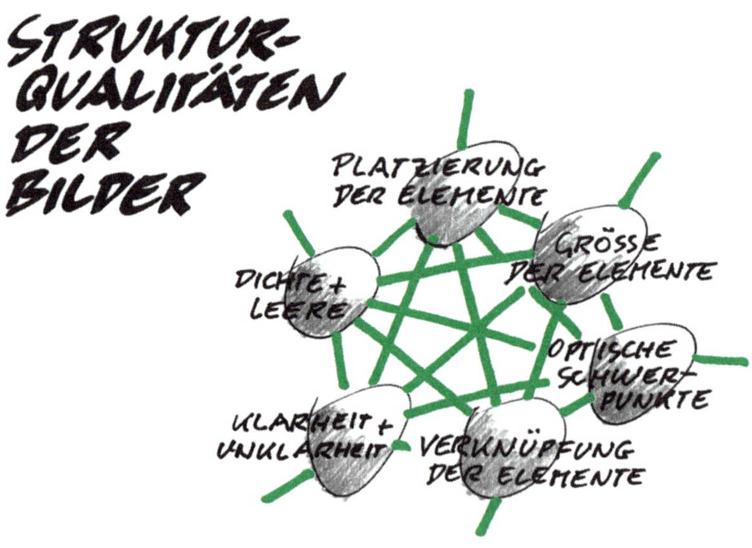

### Platzierung der Zeichenelemente innerhalb des Bildes

Klarheit in der Inhaltsstruktur entsteht zunächst dadurch, an welcher Stelle die einzelnen Zeichenelemente angeordnet sind. Wichtiges kann aussageunterstützend oben im Bild gezeigt werden. Basiselemente, die eine Grundlage bilden, passen gut in die unteren Bereiche des Bildes. Was in der zeitlichen Abfolge am Anfang steht, kann links oder unten, darauf Folgendes und später Kommendes, eher rechts oder weiter oben im Bild stehen. Das ist uns vertraut für die Darstellung von Reihenfolgen. Der Abstand der Zeichenelemente unterstützt die Aussage, wie nahe die Inhaltspunkte zusammengehören beziehungsweise wie weit sie inhaltlich voneinander entfernt sind.

### Größe der Bildelemente

Die Größe, die die Bildelemente im Vergleich zueinander haben, bringt ihre Wichtigkeit zum Ausdruck. Nicht die Länge der Schrift sollte also die Größe eines Bubbles bestimmen, sondern seine Bedeutung in der Inhaltsstruktur. Deshalb ist es auch so hilfreich, dass wir grundsätzlich über den Rand der Bubbles hinausschreiben.

### Optische Schwerpunkte

Bedeutung und Wichtigkeit von Informationselementen können auch durch das Setzen von Schwerpunkten und das Hervorheben einzelner Gesichtspunkte veranschaulicht werden. Dies wird durch Markieren der entsprechenden Zeichenelemente mit Farben, Schraffur, Strichlierung zum Ausdruck gebracht. (Siehe auch: Grundgerüst und farbige Schwerpunkte.)

### Verknüpfungen der Bildelemente

Gezeichnete Verbindungslinien veranschaulichen, welcher Inhaltspunkt zu welchem gehört und wie beide verknüpft sind. Ob diese Verknüpfung im Vergleich zu anderen stärker, enger, dichter oder wichtiger ist, kann durch die Farbe, Dicke, Strichlierung oder Verdoppelung der Verbindungslinien dargestellt werden. Verschiedene Farben zeigen verschiedene Arten von Zusammengehörigkeiten mehrerer Elemente zu unterschiedlichen Gruppierungen.

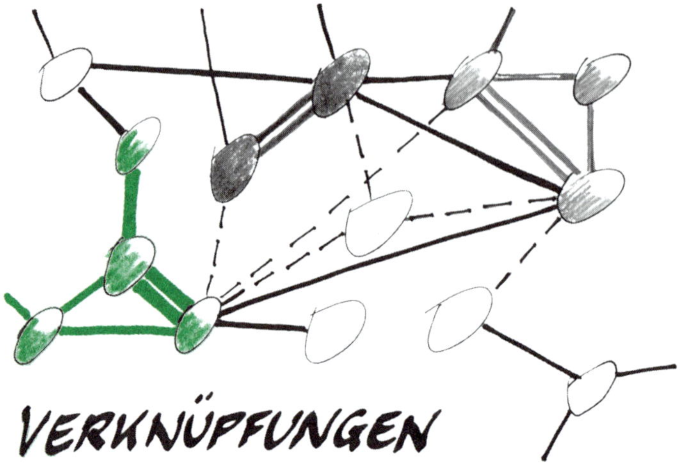


*Klarheit über Unklarheit*

Die beschriebenen Möglichkeiten sind wirkungsvolle Mittel, um Klarheit über die Art, Qualitäten und Zusammenhänge in der Informationsstruktur zu schaffen. Zur Klarheit gehört aber auch, dass Einsicht darüber entsteht, was noch unklar ist: also Klarheit über Unklarheiten. Wesentlich ist es dafür, unklare Strukturen ebenfalls sichtbar zu machen: Widersprüche, Gegensätzliches, Informationslücken, offene Fragen und Ähnliches.

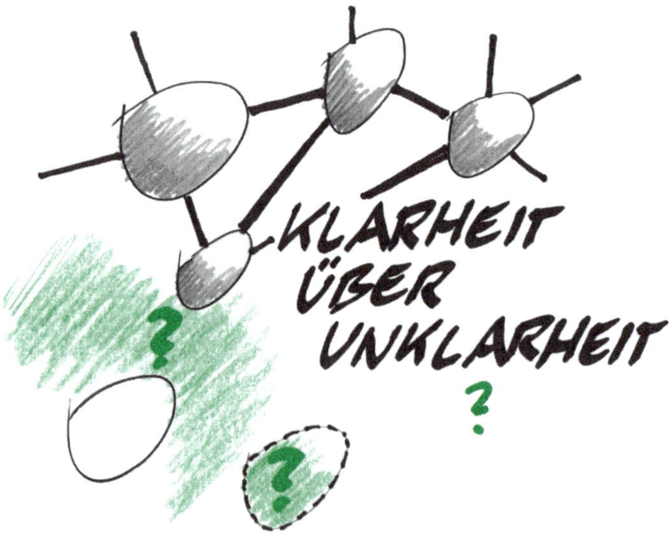

## Dichte und Leere

Grundsätzlich ist es mein Ziel, das Wichtige darzustellen – am besten nur das, was für die Aussage und die Wissensstruktur notwendig ist. Ich will möglichst wenig auf ein Bildmodul, auf eine Karte oder ein Flipchart zeichnen. Dies unterstützt die Übersichtlichkeit der Visualisierung. So sind meine Bilder leichter zu erklären, schneller verständlich zu machen und als Grundlage für Dialog und Diskussion zu nutzen.

*Übersichtlichkeit*

Beim Visualisieren habe ich beobachtet, dass ich meine Bilder meist nicht ganz fülle, sondern einen Teil des Blattes oder der Karte leer lasse. Diese freien Flächen geben die Möglichkeit, später noch Informationen hinzuzufügen, was in Workshops und Arbeitssitzungen hilfreich ist. Außerdem baue ich gerne ein Spannungsverhältnis zwischen sehr dicht angelegten Bereichen mit vielen Bildelementen und freien leeren Flächen in meinen Zeichnungen auf. In Einzelbildern erscheinen mir leere Flächen als wohltuend. Sie verhelfen den gezeichneten Elementen zu ihrem Raum.

Wenn mehrere Bilder in einer Bilderwand, in einer Broschüre oder in einer Reihe von Flipcharts nebeneinander gezeigt werden, gelingt es, durch volle und leere Flächen Abgrenzungen zwischen den Bildern, zwischen verschiedenen Bereichen, Themen oder zwischen unterschiedlichen Strukturen zu schaffen. Gerade angesichts der großen Vielfalt von Formen und visuellen Elementen, die in einer Bilderwand zusammenkommen, erscheint mir eine Auflockerung durch Freiräume wichtig.

*Volle und leere Flächen*

# Das Layout

## Layout für kleine Bilder und Bildmodule

*Layout bringt Vorteile*

Beim Bildermachen habe ich klare Vorstellungen für das Layout. Es hat drei Gründe, warum ich mich gerne an diese halte:

- Schnelligkeit beim Bildermachen,
- Durchgängigkeit der Bilderwand (trotzdem nicht langweilig) sowie
- schnelle und leichte Lesbarkeit.

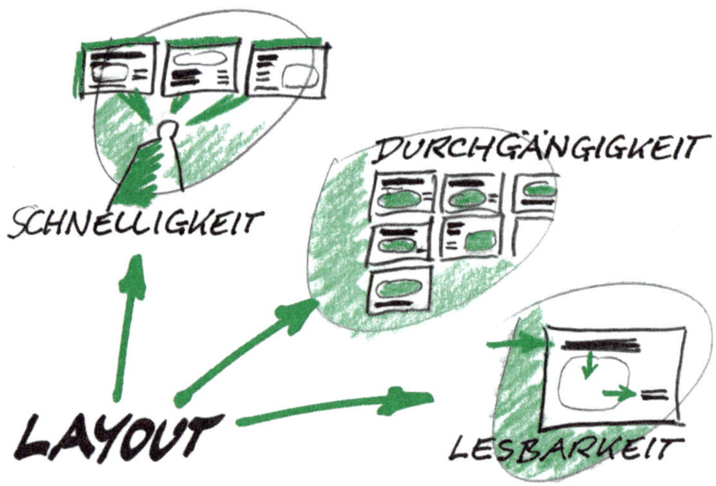


*Schnelligkeit beim Bildermachen*

Wenn ich meine Layoutkonzepte beachte, wird mein Zeichnen schneller, routinierter und sicherer. Ich muss nicht erst überlegen, wo ich die einzelnen Elemente platzieren werde. Außerdem eigne ich mir durch die immer wieder praktizierte Anwendung ähnlicher Layouts ein sicheres Gefühl dafür an, wofür, an welcher Stelle, wie viel Platz zur Verfügung stehen wird.

*Durchgängigkeit der Bilderwand*

Ich habe gemerkt, dass es sich positiv auf die Gesamtstruktur einer Bilderwand auswirkt, wenn bestimmte strukturelle Merkmale immer wieder in den Bildern vorkommen. Mit Layoutvorstellungen meine ich aber nicht, dass alle Bilder exakt den gleichen Aufbau haben müssen. Das könnte uniform wirken.

*Durchgängig aber nicht uniform*

Es macht aber Sinn, in der Vielfalt der Bilder eine gewisse strukturelle Durchgängigkeit zu verwirklichen. Ich erreiche das dadurch, dass ich mehrere Layouttypen im Kopf habe, die ich beim Bildermachen anwenden kann.

*Schnelle und leichte Lesbarkeit*

Wenn die Bilder nach einfachen wiederkehrenden Strukturen aufgebaut werden, sind sie leichter und schneller lesbar. Hier ist die Gliederung nach

*Leichter lesbar durch wiederkehrende Strukturen*

- Schlüsselwort, das in das Bild hineinführt,
- Piktogramm,
- Untertitel und
- Erklärung

ungeheuer hilfreich.

## Bereiche des Layouts

Meine Layouttypen sind ausgelegt auf Querformat (DIN A6 oder DIN A4) und beinhalten folgende Bereiche:

*Das Layout führt wie ein Stadtplan*

- das einführende Schlüsselwort oder eine Headline,
- das Piktogramm mit seiner Beschriftung,
- den Untertitel,
- die genauere Erklärung, gegebenenfalls mit Unterpunkten sowie
- das resümierende Textelement.

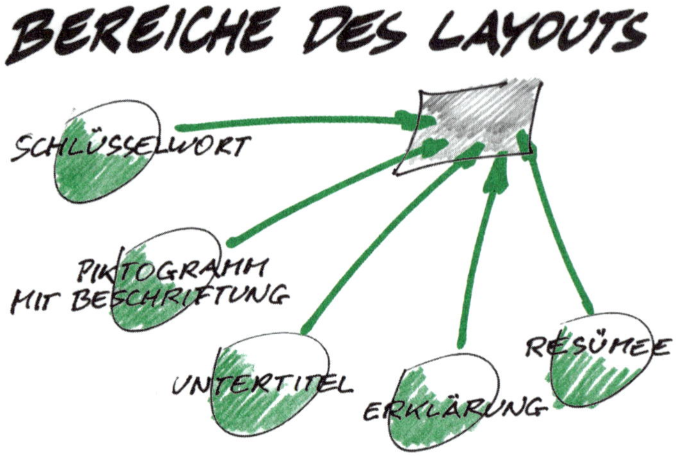


*Sprache des Layouts*

Zum Layout gehört auch, dass ich den einzelnen Bereichen, die Textelemente enthalten, entsprechende Schriftgrößen, Farben und Elemente wie Spiegelstriche zuordne. Für die Schriftgrößen scheint mir folgender Grundsatz besonders wirkungsvoll: Ich entscheide mich für bestimmte Schriftgrößen, die ich durchgängig verwende. Ich achte darauf, dass sich diese deutlich voneinander unterscheiden (s. auch »Die Schrift« S. 73).

Für jeden der Bereiche ist im Layout ein Raum vorgesehen. Diese Räume sind in den verschiedenen Layouttypen an unterschiedlichen Stellen angeordnet. Die Aufteilung habe ich beim Bildermachen im Hinterkopf, gehe aber beim Zeichnen sehr flexibel damit um, je nachdem, wie viel Inhaltsumfang die einzelnen Räume aufnehmen müssen. Es kann auch vorkommen, dass es zu einem der Bereiche keinen Input gibt, aber ein anderer größer angelegt werden muss, weil viele erklärende Unterpunkte vorkommen oder das Piktogramm besonders viel Platz in Anspruch nimmt.

### *Schlüsselwort oder Headline*

*In das Bild heineinführen*

Das einführende **Schlüsselwort** oder die **Headline** schreibe ich in der größten Schriftgröße, die ich verwende, und mit der dicksten Stiftdicke. Es ist so gewählt, dass mir die Vorstellung des Bildes auf jeden Fall gelingt, selbst wenn ich mich nicht mehr an die Inhalte erinnern sollte.

Wenn ich zum Beispiel ein Projekt nach Jahren ohne Vorbereitung noch einmal vorstellen möchte. Dann muss ich mir nur dieses Schlüsselwort oder die Headline laut vorlesen. Diese führt mich sicher in das Bild hinein. Nachdem das Grundthema auf diese Weise für die Zuhörer ausgesprochen und von mir erkannt ist, fällt es mir leichter, von hier aus – wie bei einem Spaziergang – die Geschichte des Bildes zu erzählen, denn ich weiß jetzt, auf welchem Terrain ich mich bewege.

### *Das Piktogramm*

*Piktogramm und Schrift*

Das **Piktogramm** ist der zentrale Teil des Bildes. Es nimmt den größten Bereich des Bildes ein. Es kann sehr unterschiedlich aussehen, ist aber meist mit dünnen Strichdicken gezeichnet. Auch die Beschriftung ist eher mit dünnen Stiftstärken ausgeführt. Je nach Bedeutung und Länge des Textelements wähle ich Schriftgröße und Strichdicke, verwende aber in einer Bilderserie immer ähnliche Schriftgrößen und Schriftarten. Gerne hebe ich einzelne Stichworte mit größerer, dickerer Schrift hervor. Eines scheint mir für die Beschriftung innerhalb der Piktogramme besonders hilfreich: Grundsätzlich schreibe ich über die Umrisslinien der Piktogrammteile hinaus. Zum Beispiel reicht meine Schrift immer deutlich über die Ränder meiner Bubbles hinaus (s. S. 76).

### *Der Untertitel*

*Untertitel präzisieren die Überschrift*

Der **Untertitel** erlaubt eine Präzisierung des Schlüsselwortes. Er hat eine deutlich kleinere Schriftgröße, kann unmittelbar unter dem Schlüsselwort stehen und dieses auch in ein bis zwei Zeilen weiterführen. Oft schreibe ich den Untertitel unter das Piktogramm, um dessen Thema noch mehr zu präzisieren.

### *Die genaue Erklärung und das resümierende Textelement*

*Erklärung und Kurzresümee*

Die **genauere Erklärung** füllt oft einen kleinen mehrzeiligen Textblock, der häufig aus einer Reihe von Unterpunkten besteht. Diese können gut mit farbig hervorgehobenen Spiegelstrichen gekennzeichnet werden, beispielsweise in Rot, Orange oder Grün. Das **resümierende Textelement** fasst bei Bedarf das Besondere des Inhalts noch einmal kurz zusammen.

## Layouttypen

*Finden Sie Ihre eigenen Layouttypen*

Wie für die anderen in diesem Buch beschriebenen Tipps gilt auch hier, dass jeder seine eigenen Formen, Rituale und Regeln finden muss. Zum Layout möchte ich Ihnen mehrere Typen vorschlagen. Ich baue nicht alle Bilder nach dem gleichen Schema auf, sondern nutze mehrere Layouttypen in einer Bilderserie oder einem Workshop, je nachdem welcher mir spontan für den jeweiligen Inhalt oder für die darzustellende Aussage am günstigsten erscheint. Die hier vorgeschlagenen Typen können beliebig kombiniert, durch neue Bereiche ergänzt oder auf weniger Felder eingeschränkt werden.

### Layouttyp A

- Das Schlüsselwort zum Einstieg mit großer Schrift: ganz oben.
- Das Piktogramm als größter Bereich mit 2/3 der Bildbreite und 3/4 der Bildhöhe: darunter links.
- Untertitel deutlich kleiner: direkt unter Schlüsselwort.
- Erklärung mit Unterpunkten mit der kleinsten Schrift des Bildes: rechts vom Piktogramm.
- Das resümierende Textelement mit Schriftgröße wie Untertitel: unter Piktogramm.

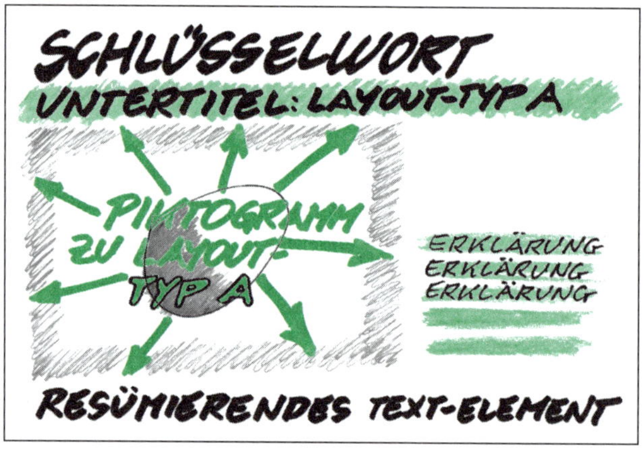


### Layouttyp B

- Das Schlüsselwort zum Einstieg mit großer Schrift: ganz unten.
- Das Piktogramm als größter Bereich: linke Seite, oben, mit 2/3 der Bildbreite, mit 2/3 Bildhöhe.
- Untertitel deutlich kleiner: direkt unter das Schlüsselwort.

- Erklärung mit Unterpunkten mit der kleinsten Schrift des Bildes: rechts neben Piktogramm.
- Das resümierende Textelement: nicht ausgeführt.

### Layouttyp C

- Ein kurzes Schlüsselwort zum Einstieg mit großer Schrift: ganz oben links, falls nötig in zwei bis drei Zeilen.
- Das Piktogramm als größter Bereich mit 2/3 der Bildbreite und 2/3 der Bildhöhe: rechte Seite oben.
- Untertitel deutlich kleiner: nicht ausgeführt.
- Erklärung mit Unterpunkten mit der kleinsten Schrift des Bildes: links vom Piktogramm.
- Das resümierende Textelement mit Schriftgröße wie Untertitel: unter Erklärung.

### Layouttyp D

- Das Schlüsselwort zum Einstieg mit großer Schrift: ganz oben
- Das Piktogramm als größter Bereich über gesamte Bildbreite und 2/3 der Bildhöhe: in der Bildmitte.
- Untertitel deutlich kleiner: unter Schlüsselwort.
- Erklärung mit Unterpunkten in der kleinsten Schrift des Bildes: rechts unter Piktogramm.
- Das resümierende Textelement mit Schriftgröße wie Untertitel: unter Erklärung.

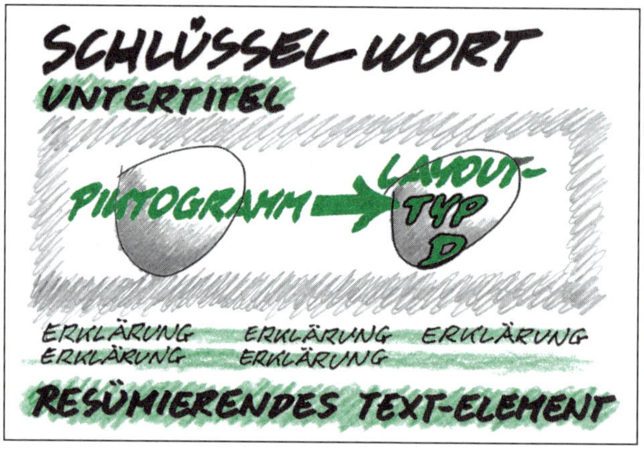


## Füllen des Layouts in kleinen Bildern

*Füllen des Layouts mit eigenen Inhalten*

Für das Füllen des Layouts sehe ich vor allem zwei unterschiedliche Situationen:

- Bei der Visualisierung meiner eigenen Inhalte, wenn ich einen Input oder den Einstieg für ein Seminar vorbereite, gehe ich flexibel mit der Reihenfolge um, in der ich die verschiedenen Layoutbereiche fülle.

*Schlüsselwörter von Gesprächspartnern exakt treffen*

- Die Visualisierung der Aussagen anderer Personen in Workshops und Arbeitssitzungen ist für mich meist geprägt davon, dass ich versuche, die vom Gesprächspartner vorgestellten Inhalte genau wiederzugeben. Die vorgetragenen Schlüsselwörter halte ich deshalb meist zuerst fest, um diese exakt zu treffen.

Es gibt zwei verschiedene Vorgehensweisen:

*Schlüsselwörter zuerst, dann Piktogramm*

- Ich halte das Schlüsselwort zum Einstieg fest und stelle damit sicher, dass ich das Wesentliche mit dem Begiff, wie er in der Aussage vorkam, wörtlich erfasse. Anschließend kann ich die Stichpunkte zur Erklärung aufschreiben. Dies ist besonders dann empfehlenswert, wenn viele komplexe Inhalte vorkommen. Danach zeichne ich das Piktogramm. Bei dieser Vorgehensweise ist mein Gefühl, dass ich sofort wieder frei werde für die folgenden Aussagen, ohne zu viel im Gedächtnis behalten zu müssen, während weitere Gesichtspunkte angesprochen werden.
- Eine andere Möglichkeit wäre, mit einer bildlichen Struktur zu beginnen. Dabei könnte es vorkommen, dass das exakte Wort, das gesagt wurde, einmal vergessen wird. Diesen Weg sehe ich als eine Möglichkeit, mich bewusst vom Verbalen zu trennen und bildlich zu denken. Ich habe dies als besonders hilfreich empfunden, wenn es nicht vorrangiges Ziel ist, die Schlüsselworte präzise festzuhalten, sondern wenn ich beim Zeichnen das Wesentliche herausarbeiten und zusammenfassen will, um dann erst einen geeigneten Überbegriff zu finden.

Durch die zweite Möglichkeit entstehen Bilder, die eher die Sicht des Zeichners zu den wichtigen Punkten im Zusammenhang und Überblick wiedergeben. Hier werden sich die Gesprächspartner allerdings nicht immer sofort wieder finden, da der persönlichen Interpretation des Zeichners mehr Spielraum gelassen wurde. Deshalb ist es besonders wichtig, genau mit den Teilnehmern zu prüfen, ob alles passend dargestellt worden ist.

Oft habe ich beobachtet, dass ich kleine Bilder, bisweilen auch Charts, nicht von oben nach unten fülle, sondern flexibler mit dem Platz umgehe, als ich das bisher beschrieben habe.

So zeichne ich zum Beispiel das Piktogramm zentral in die Mitte des Blattes und lasse viel Raum außen herum frei. Das Bild sieht dann in jedem Fall fertig aus, auch wenn keine weiteren Elemente hinzukommen. Ergeben sich aber zusätzliche Aspekte, so habe ich Platz dafür.

Welche Art des Vorgehens ich auch wähle, immer ist es mein Ziel, nur das Wichtigste festzuhalten.

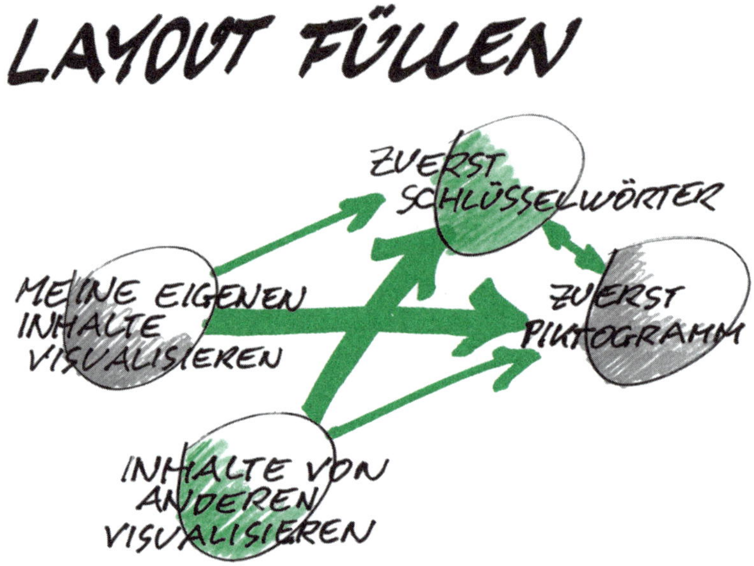


*Markieren mit Klebezetteln*

Was mir in den so gesammelten Bildern als besonders beachtenswert erscheint, markiere ich gerne sofort. Meine Fragen oder Assoziationen sowie die Anregungen anderer halte ich – wenn möglich – zusätzlich fest. Dies kann mit gelben Klebezetteln erfolgen. Diese Notizen sind hilfreich beim Zusammenfassen und Vorstellen der Bilder. Außerdem ist es sinnvoll, auch Unfertiges gleich beim Zeichnen mit einem Klebezettel zu kennzeichnen, sodass ich es schnell wieder finde, um es vervollständigen zu können, wenn ich Zeit dafür finde.

## Das Layout für Poster und Charts

### *Grundstruktur*

*Größere Blätter strukturieren*

Den Aufbau von Charts (DIN A1 oder Flipchartgröße) handhabe ich freier als die Strukturierung von kleinen Bildern und Bildmodulen. Meine Charts sind meist nur oben und unten von größeren Schriftblöcken eingefasst: Oben die Überschrift führt in das Chart hinein. Im Textelement unten hebe ich das Wichtige heraus, beschreibe den besonderen Blickwinkel des Charts oder schließe das Chart mit einem Resümee.

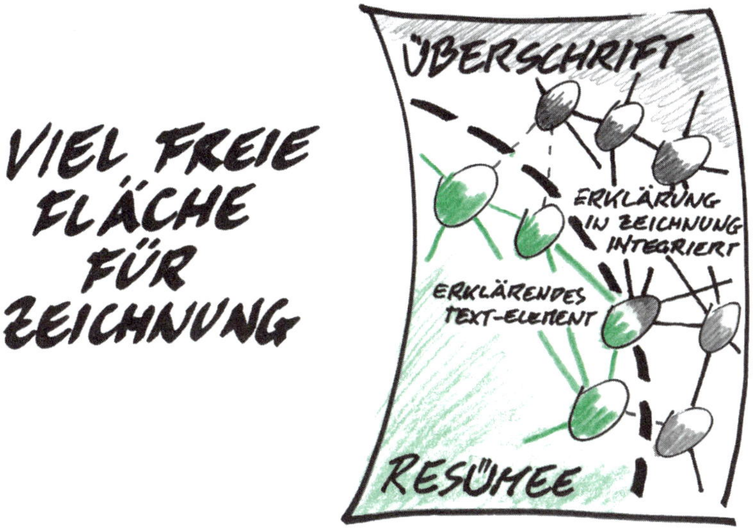


*Gemeinsamkeiten mehrerer Charts*

Beide Textelemente sind in einer Chartreihe auf allen Blättern als Gemeinsamkeit formal durchgängig und gleich ausgeführt (Schriftgröße, Farbe, Abstände vom Rand). Inhaltlich bauen sie konsequent aufeinander auf.

Am liebsten formuliere ich die Überschrift und den Text unten erst dann, wenn ich alle Charts mit den bereits ausgeführten Zeichnungen nebeneinander an der Wand betrachtet habe und ein Überblick über die Bilder sichtbar geworden ist. So gelingt es durch diese Schriftelemente, eine durchgängige, aufeinander aufbauende Dramaturgie für die Reihe der Blätter zum Ausdruck zu bringen.

*Pattern erkennen*

Ähnlich wie bei kleinen Bildern nutze ich in einer Reihe von Charts den Wechsel von dichten und und freien Flächen (s. S. 83 »Dichte und Leere«). So hänge ich gerne dicht mit Zeichnungen gefüllte Blätter neben Charts mit viel Freiraum.

Auf großen Blättern zeige ich meist Überblicksstrukturen und Zusammenhänge. Diese leben davon, Inhaltsstrukturen in ihren Verknüpfungen treffend auf den Punkt zu bringen und in einem passenden Pattern oder Bildmuster aufzuzeichnen. Dies ist gar nicht so einfach.

*Chartentwicklung sichtbar machen*

Die gekonnte Blatteinteilung für Charts ist keine leichte Aufgabe und braucht Übung, wenn wir nicht nur eine einfache verbale Listenstruktur dokumentieren wollen. Zwei Möglichkeiten sind hier interessant:

- Als Zwischenstufe oder für ein fertiges Chart können kleine Bilder oder Karten auf einem Chartpapier strukturiert und aufgeklebt werden. Die Bildmodule flexibel anzuordnen ist eine große Hilfe, um die verschiedenen Inhalte ausgewogen auf dem Chartpapier zu platzieren. Es ist darüber hinaus vorteilhaft, dass die einzelnen Aspekte auf Bildmodulen bereits fertig visualisiert werden können, auch wenn noch nicht alle Aspekte bekannt sind und die Zusammenhangsstrukur noch nicht geklärt ist.
- Zur Vorbereitung meiner Charts mache ich gerne kleine Bleistiftskizzen (pro Chart ein DIN-A4-Blatt oder auch Miniskizzen für vier bis neun Charts auf ein DIN-A4-Blatt). Wenn die Struktur und die Stichworte geklärt sind, übertrage ich schnell die Größenverhältnisse mit Bleistift auf das große Chart, bevor ich es mit Filzstift ausführe. Dann zeichne ich zuerst die Piktogrammelemente, anschließend schreibe ich die Textzeilen ins Bild und zum Schluss die Überschrift und das Textelement unten.

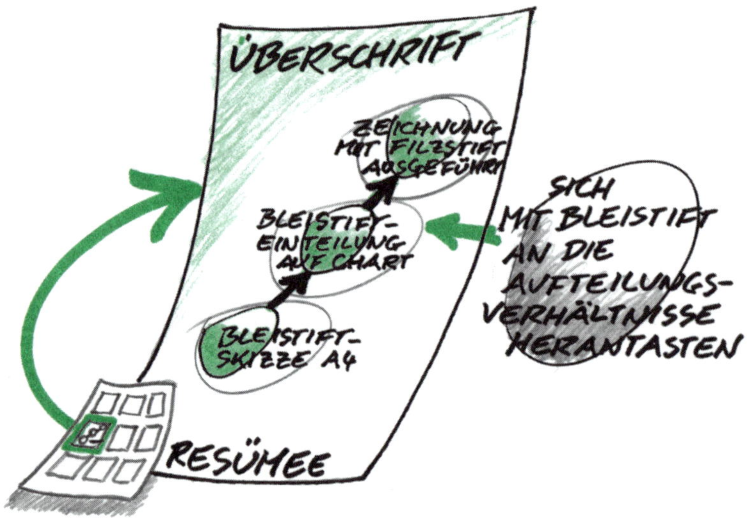

## Methodische Ideen

### Inputs visualisieren

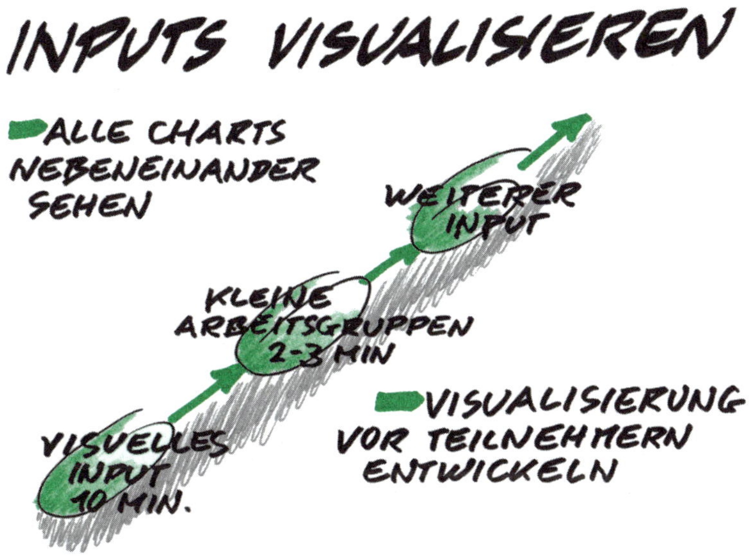


Von Bernd Weidenmann und seinem Buch »Erfolgreiche Kurse und Seminare« habe ich gelernt, wie wir das Arbeiten mit Inputs besonders interessant und effektiv gestalten können. Zu Beginn der Veranstaltung stellt der Trainer einen visuell unterstützten Informationsinput von ungefähr zehn Minuten vor. Anschließend arbeiten die Teilnehmer für zwei bis drei Minuten in kleinen Arbeitsgruppen, die Weidenmann »Murmelgruppen« nennt, um sich die Inhalte des Inputs zu Eigen zu machen.

*Visuelle Inputs und »Murmelgruppen«*

Der Impuls für diese Teamarbeit kommt vom Trainer. Nach dieser Arbeitsphase trägt der Trainer einen weiteren Input mit neuen Informationen ein und lässt die Gruppe über einen neuen Impuls wieder darüber arbeiten.

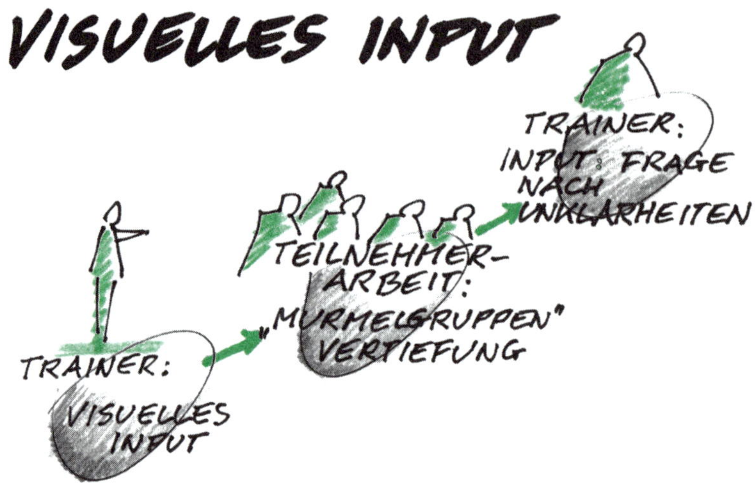


*Andere Tricks wie Streifentechnik, Fenster und vieles mehr finden Sie im Buch »100 Tipps & Tricks für Pinnwand und Flipchart« von Bernd Weidenmann.*

Für gute Inputs ist es wichtig, den Stoff nicht nur auf einem Chart vorzubereiten und dann das Bild fertig auf dem Flipchartständer vorzustellen. Da kann es passieren, dass die Aufmerksamkeit der Teilnehmer zuerst mehr der Zeichnung als den erzählten Inhalten gilt. Besser ist es, die Visualisierungen vor den Teilnehmern zu entwickeln und einzelne Teile mit ihnen zu ergänzen.

Üblich ist es, die Charts am Flipchart nach hinten umzuschlagen, wenn man damit fertig ist. Viel besser ist es jedoch, sie an der Wand nebeneinander zu präsentieren. Auch die leeren Charts zu Beginn des Inputs zeigen, wie viel kommt, und machen neugierig.

Ich bevorzuge es, gleich alles zu sehen. Bei Bedarf kann man einzelne kleinere Teile als Überraschung zugedeckt lassen, zum Beispiel auch die Lösung einer Aufgabe.

## Bilder als Moderationswerkzeug

*Bild-Moderation*

Das Arbeiten mit Bildern kann auch als Moderationswerkzeug eingesetzt werden. Im Workshop oder in der Arbeitssitzung zeichnet der Bildmoderator die wichtigen Gesichtspunkte für alle sichtbar auf ein großes Flipchartpapier oder auf kleine Karten, die aufgehängt werden. Beim Zeichnen der Inhalte kann ein Gespräch über die Bilder geführt werden. Das Bild wird dabei bisweilen zu einem Werkzeug der Konkordanzprüfung, wenn beim Zeichnen geklärt wird, ob alle Gesprächspartner die gleichen Bilder zu Inhalten, Zielen und Interessen im Kopf haben. Das Bild hilft der Klärung und intensiviert den Dialog.

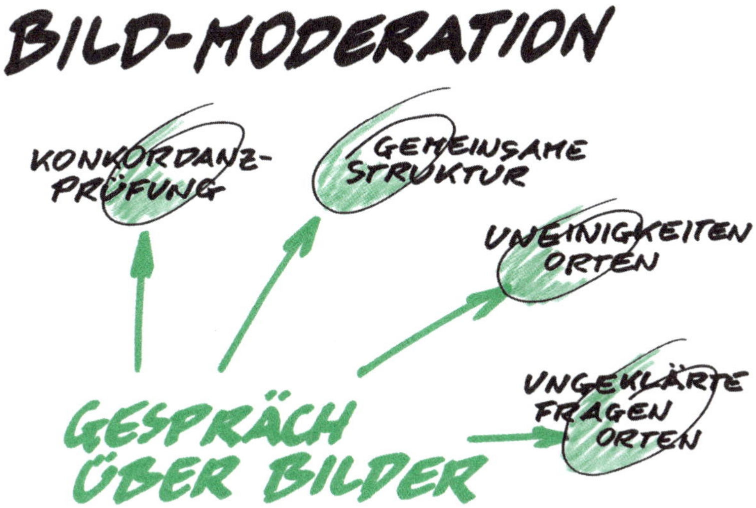


*Beim Zeichnen über das Gezeichnete reden*

Um dies zu erreichen, muss der Zeichner die gerade entstehenden Bilder regelmäßig den Gesprächspartnern zeigen. Er sollte dabei nicht immer warten, bis das Bild fertig gestellt ist. Gerade unfertige Zeichnungen können hilfreich sein. Folgende Fragen können wir an die Runde stellen:

- Habe ich die Informationselemente richtig verstanden?
- Wie viele Faktoren gibt es? Wie hängen sie zusammen? Wie wirken sie?
- Habe ich die verwendeten Stichwörter und Schlüsselbegriffe, die Platzierung, Größe und Zuordnung der Elemente richtig getroffen?
- Was fehlt noch im Bild?
- Wie könnte ein bestimmter Gesichtspunkt treffend dargestellt werden?
- Sind alle Teilnehmer des Workshops oder des Gesprächs mit der gezeichneten Struktur einverstanden?
- Gibt es unterschiedliche Vorstellungen? Wo sind die Unterschiede? Können wir uns auf eine gemeinsame Bildstruktur einigen?

*Die Fragen des Bildes steuern den Dialog*

Die Geschwindigkeit und der Fluss des Dialogs werden durch das Bild und das Gespräch über diese Fragen gesteuert. Ziel kann es sein, eine klare gemeinsame Struktur zu entwickeln oder genau zu orten, wo es noch Uneinigkeiten gibt, wo noch Gesichtspunkte ungeklärt oder Fragen offen geblieben sind.

Bildmoderation in dieser Weise zu realisieren erfordert viel Sicherheit im Gebrauch der Bilder und im Gespräch mit den Teilnehmern. Um diese visuelle Arbeit konsequent zu realisieren, ist Disziplin notwendig. Es ist wichtig, dass

*Disziplin und Gespür für die »richtige« Informationstiefe*

der Bildmoderator ein Gespür dafür entwickelt, wo er Gesichtspunkte genauer besprechen muss und wo er Inhaltsstrukturen als gegeben hinnimmt. Wesentlich für den Erfolg ist es, sich nicht »in Details zu verbeißen«, damit die visuelle Arbeit nicht zu lange dauert.

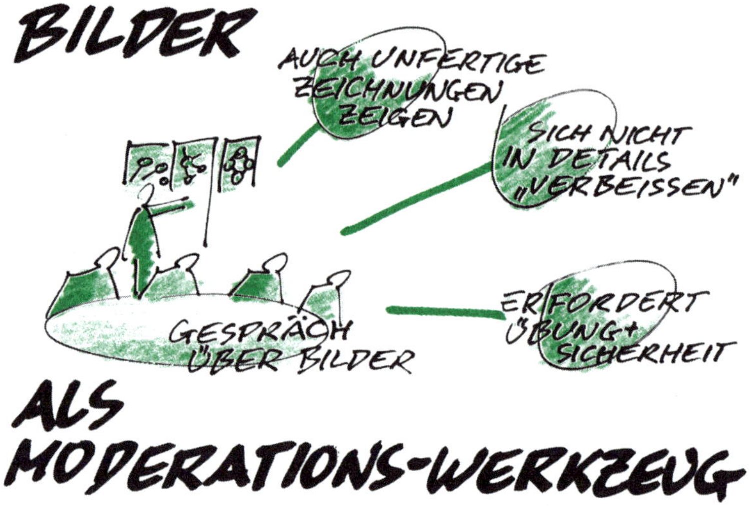


Die intensive Dialogarbeit muss nicht während eines gesamten Workshops oder vom Anfang bis zum Ende einer Arbeitssitzung konsequent und ohne Unterbrechung durchgehalten werden. Stattdessen kann man die Bildmoderation nur in einzelnen Phasen einer Arbeitssitzung anwenden, zum Beispiel, wenn besonders kritische Punkte gefunden worden sind:

*Bild-Moderation auch punktuell hilfreich*

- wenn unterschiedliche oder konträre Meinungen erkennbar werden,
- wenn Strukturen unklar sind oder
- wenn Lücken und ungeklärte Fragen es schwierig machen, in der Zusammenarbeit vorwärts zu kommen.

In diesen Situationen ist es möglich, dass der Moderator bewusst einen »Break« einlegt und den Teilnehmern vorschlägt, ein bestimmtes Thema in einem definierten Zeitfenster visuell moderiert aufzuarbeiten. Der »Break« könnte gut durch eine Pause markiert werden, in der er für diese intensive Dialogarbeit nochmals einzelne Teilnehmer besonders aktiviert und Vorschläge dafür erarbeitet, welche Themen in der nächsten Arbeitsphase als die akutesten behandelt werden sollen. Auch Perspektiven, Übereinstimmungsmuster und Zielperspektiven können hier abgestimmt werden.

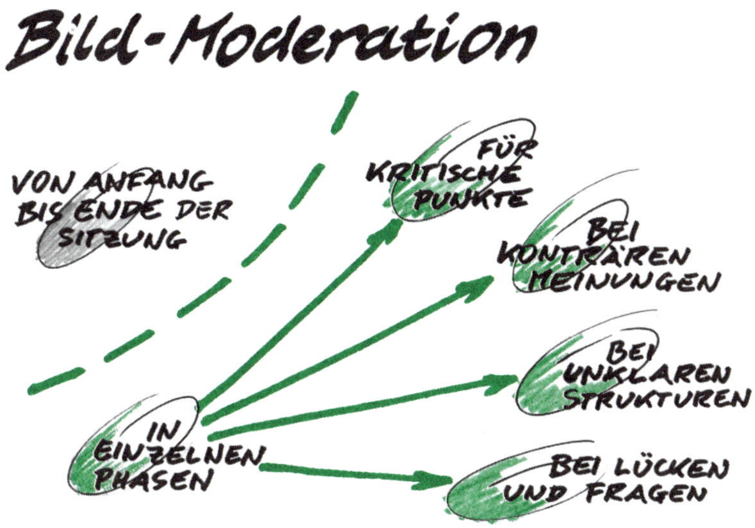


Es ist zu empfehlen, diese Arbeitsweise zuerst in einem »geschützten Raum« zu erproben: mit Freunden, mit wohlwollenden Kollegen, in der eigenen Familie, oder in einem Zeichenseminar.

## Von der Bildmoderation zum Live-Zeichnen

*Aktiv zuhören und simultan mitzeichnen*

Während der Zeichner bei der Bildmoderation in das Gespräch eingreift und mit den Teilnehmern über die Bilder spricht, ist er beim Live-Zeichnen in erster Linie Zuhörer, der das Gesagte in Bildern mitprotokolliert und erst dann seine Bilder kurz resümiert, wenn eine Themenetappe oder eine Arbeitseinheit abgeschlossen ist. Das **»Live-Zeichnen«** ist die anspruchsvollste Anwendung des Zeichnens in Gesprächssituationen. Der Zeichner hält sofort in Echtzeit fest, was gerade gesagt wird. Sein Ziel ist es, im Fluss der Diskussion alle themenrelevanten Inhalte kontinuierlich festzuhalten. Dies erfordert viel Sicherheit und Routine. Es ist nicht Ziel dieses Buches, dass die Leser das schnelle »Live-Zeichnen« beherrschen lernen. Viele Leser werden das Zeichnen eher zur Vorbereitung im Vorfeld eines Workshops, zur Dokumentation wichtiger Gesichtspunkte oder zum Festhalten von Ergebnissen während oder am Schluss einer Arbeitssitzung anwenden. Diese Visualisierungen schaffen inhaltlichen Mehrwert, Transparenz und eine wohlwollende Dialogatmosphäre.

In meinen Zeichenseminaren habe ich aber immer wieder Teilnehmer gefunden, die in kurzer Zeit für das »Live-Zeichnen« beachtliche Fertigkeiten und die notwendige Schnelligkeit und Routine im Zeichnen erreichen konnten. Das Befolgen der in diesem Buch beschriebenen Regeln und das Üben der Zeichenelemente war dabei die Basis.

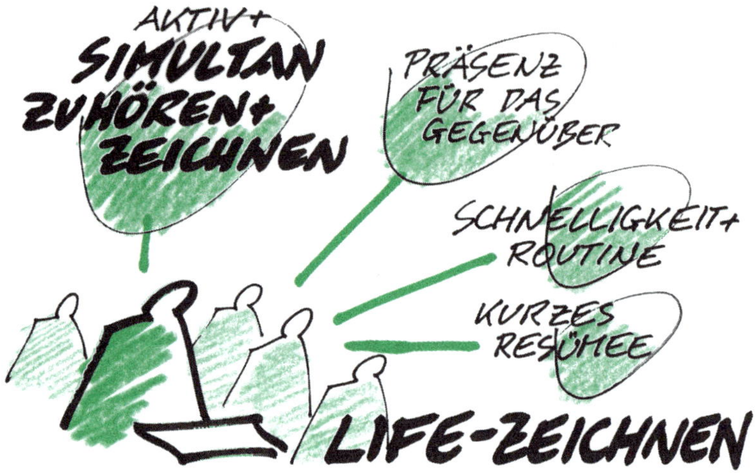


*Eine Übung der Präsenz für das Gegenüber*

Auch wenn es nicht unser Ziel ist, das Live-Zeichnen professionell anzuwenden, ist es doch eine interessante Übung für das aktive Zuhören und die Konzentration auf das Gegenüber. Das Gehörte muss spontan in ein Bildpiktogramm übersetzt werden, das ganz einfach sein muss, weil die Geschwindigkeit nicht viel Überlegung zulässt. Dies erfordert auch den Mut zu akzeptieren, dass alles auf

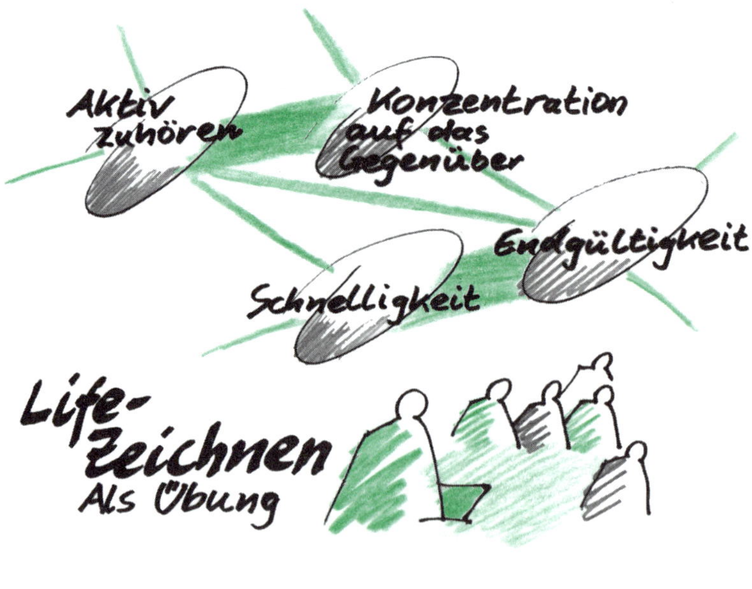

Anhieb eine gewisse Endgültigkeit hat und nicht ausradiert oder verbessert wird. Denn schon folgt der nächste Inhalt und damit das nächste Bild.

*Schnelligkeit und Endgültigkeit der Zeichnung üben*

Für Leser, die eine künstlerische Neigung haben, ist es durchaus zu empfehlen, die Disziplin des »Live-Zeichnens« als eine gute Übung für Schnelligkeit und »Endgültigkeit« der Zeichnung auszuprobieren.

In meiner Akademiezeit war es eine meiner regelmäßigen Übungen, mich auf die Bank eines Spielplatzes zu setzen und dort die spielenden Kinder zu zeichnen. Manchmal zeichnete ich auch die Leute in einem Kaffeehaus oder in der U-Bahn. Häufig verwendete ich dabei einen Tuschefüller, weil es für mich wichtig war, dass jeder Strich sofort passen musste und so blieb, wie ich ihn gezeichnet hatte. Nichts durfte korrigiert werden.

## Collage

Statt gezeichneter Charts ist es auch interessant, Collagen zu machen oder Collage-Elemente in die Zeichnung einzubeziehen. Auf ein gezeichnetes einfaches Gerüst, das die Grundstruktur der Informationszusammenhänge zeigt, können die Materialien aufgeklebt werden. Eine Möglichkeit, professionelle Schrift einzubeziehen, ist es, eine ausgedruckte Computerschrift auszuschneiden und hier einzukleben. Collage-Elemente können sein: Fotos, Fotokopien, Ausschnitte aus Zeitungen, Zeitschriften und Werbematerial, Pläne, Arbeitsdokumente und vieles mehr.

*Unterschiedliche Collage-Elemente mit Zeichnung und Schrift kombinieren*

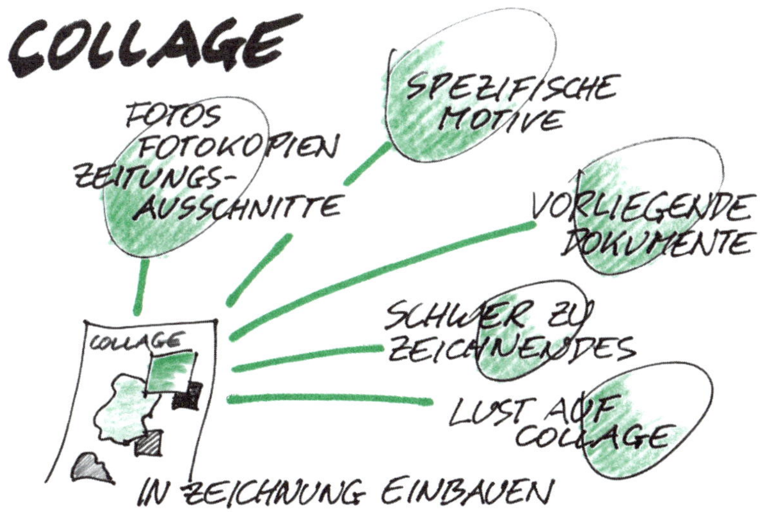

Die Verwendung von Collagen bietet sich in verschiedenen Situationen an:

*Viele Anlässe für Collagen*

- beispielsweise wenn es uns leichter fällt, eine Collage zu machen als selbst zu zeichnen,
- wenn spezifische Gegenstände oder Produkte detailliert oder realitätsnah gezeigt werden sollen,
- wenn wir Motive einbeziehen möchten, die schwer zu zeichnen sind und die nicht in unserem Bildbaukasten enthalten sind,
- wenn wir Bilder gefunden haben, die wir gerne in eine Zeichnung einbauen,
- wenn wir einfach Lust haben, etwas mit Collage zu machen.

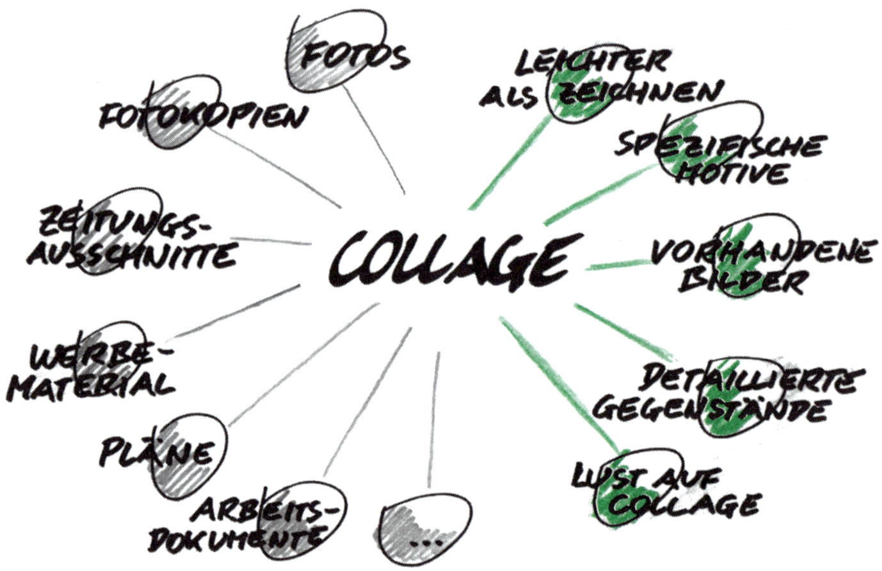

# Spezielle Tipps

# Die Bildmodule

## Das Besondere an Bildmodulen

Das Erstellen von Bildmodulen ist eine praktische und bewährte Art der Visualisierung. Jedes Bildmodul bietet Raum für einen bestimmten Inhalt, der durch ein Piktogramm, die wichtigsten Schlüsselbegriffe und bei Bedarf zusätzlich – zur Ergänzung – durch einzelne Stichwörter dargestellt wird.

*Bildmodule als in sich abgeschlossene Informationseinheiten*

Die wichtigsten Inhalte können auf diese Weise kurz gefasst festgehalten werden. Bildmodule werden so angelegt, dass sie in sich abgeschlossene Informationseinheiten darstellen: jeweils ein Inhalt auf einer Karte. Als Kartenformat hat sich Postkartengröße (DIN A6) gut bewährt (s. S. 123 f. »Papierformate«).

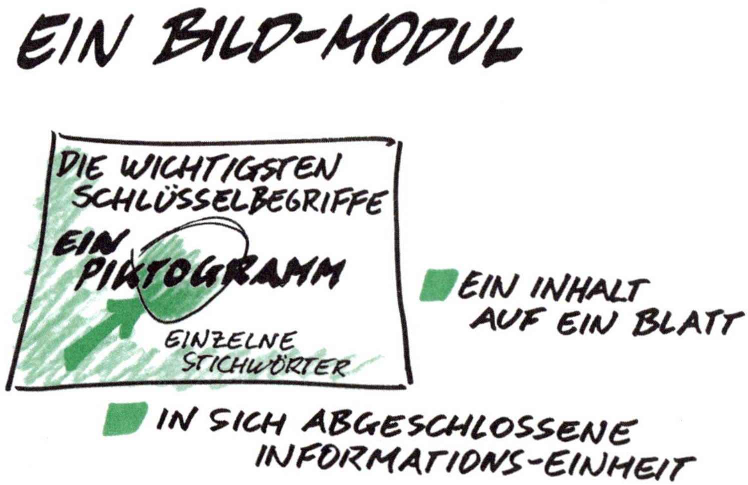


Beim Live-Zeichnen, bei der Workshop-Protokollierung oder beim schnellen Zusammenfassen von Ergebnissen können auf diese Weise etwa 30 Karten in einer Stunde entstehen. Dann ist ein Gespräch meist mit allen themenrelevanten Inhalten visualisiert.

## Weiterarbeit mit Bildmodulen: ordnen, sortieren, bewerten, verdichten

*Bildmodule erleichtern die Weiterarbeit*

Der Modulcharakter erlaubt es, die Bilder in unterschiedlicher Weise sehr effektiv für die Weiterarbeit zu nutzen. Bildmodule können (zum Beispiel in der Workshop-Pause) aufgehängt werden,

- ungeordnet auf einer Pinnwand, an der sie sortiert oder geclustert werden oder
- in Form von Bilderreihen, in denen Bildmodule untereinander geklebt sind; mehrere solcher Reihen können nebeneinander aufgehängt werden.

In seltenen Fällen habe ich Bilder in horizontalen Reihen zusammengeklebt, beispielsweise wenn ich die obere waagerechte Spalte einer Matrixstruktur abbilden will, unter deren Oberbegriffe ich Bilder einordne. Das Aufhängen langer horizontaler Bildfolgen ist aber nicht so gut handhabbar wie das Aufhängen vertikaler Bilderreihen.

*Flexible Module in einer übergeordneten Gesamtstruktur*

Ohne dass der Kontext in der Bilderwand zerstört wird, können wir einzelne Bilder herausnehmen, umsortierten oder ergänzen. Diese Qualität einer Bilderwand aus Modulen unterscheidet sich grundsätzlich vom verbal formulierten Protokoll einer Arbeitssitzung. So bringt die Arbeit mit Modulen ein hohes Maß an Flexibilität in die visuelle Arbeit:

- herausgenommene Bildmodule können aussortiert werden, wenn sie sich als unwichtig erweisen,
- mehrere Module können zu einem Bild zusammengefasst werden und
- aus einem Bild können mehrere Module gemacht werden.

Die Modulstruktur erleichtert es auch,

- einzelne Bilder durch nochmaliges Zeichnen zu optimieren,
- Schreibfehler zu verbessern und
- weitere Stichworte einzufügen.

*Korrekturen zuerst mit Teilnehmern abstimmen*

Wenn die Bilder das Protokoll einer Arbeitssitzung darstellen, ist es freilich wichtig, dass wir durch Veränderungen oder Ergänzungen nicht eigenwillig persönliche Interpretationen einführen und womöglich Aussagen zum Ausdruck bringen, die von den Gesprächsteilnehmern nicht so gemeint waren. Hier ist vorherige Abstimmung notwendig.

*Bildmodule sortieren*

Das Sortieren und Umsortieren von Bildmodulen kann erfolgen:

- in chronologischer Reihenfolge,
- nach Themen,
- nach Arbeitsschritten,
- nach Personen und Aufgaben oder
- nach Bedeutung und Bewertung.

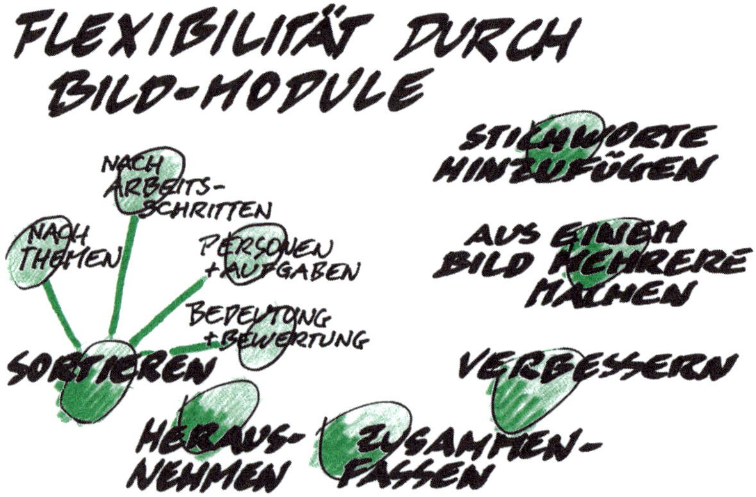


Durch die Zuordnung zu entsprechenden Titelkarten können die verschiedenen Themen voneinander abgegrenzt werden.

*Arbeitsoberfläche mit Bildmodulen*

Wenn wir unsere Bilder mit Notizen versehen wollen, so erlauben Bildmodule darüber hinaus die eindeutige Zuordnung von Anmerkungen, Hinweisen und Fragen zu ganz bestimmten Aussagen. Eine Bewertung können wir mit farbigen Klebepunkten vornehmen.

# Die Bilderwand

## Qualitäten von Bilderwänden

*Bilderwände bieten einen strukturierten Überblick über viele Bilder*

Bilderwände machen eine Anzahl von Bildern in einem Überblick gleichzeitig nebeneinander sichtbar. Wie uns Tricks für die Anordnung von Zeichenelementen in einem Layout die Herstellung einzelner Bilder erleichtern, so können wir auch Tipps für den Aufbau einer Bilderwand nutzen. Sie helfen uns, Bilder so aufzuhängen, dass inhaltliche Klarheit entsteht, Botschaften und Aussagen unterstützt werden sowie eine wirkungsvolle Dramaturgie für eine visuelle Geschichte erkennbar wird. Eine Bilderwand kann zusammengestellt werden aus

- mehreren Reihen zusammengeklebter Zeichnungen,
- netzwerkartig auf große Bogen geklebten kleinen Karten,
- gezeichneten Flipcharts,
- verschiedenen Dokumenten, Fotos, Plänen, Landkarten, die gesondert aufgehängt werden oder auf Blättern mit Zeichnungen integriert sind,
- aus einer Kombination mehrerer dieser Bestandteile.

## Überblick verschaffen

*Bilderwände fördern Dialog, Inhaltsarbeit und Präsentation*

Bilderwände eröffnen besondere Möglichkeiten für die Inhaltsentwicklung, die Zusammenarbeit sowie für den Erfahrungsaustausch. Als Arbeitswerkzeug bieten sie einen hervorragenden Überblick über das Spektrum der Inhalte. Nach Themen, Wichtigkeit oder Prozessschritten geordnet, zeigt die Bilderwand eine visuelle Inhaltsstruktur, die für verschiedene Zwecke effektiv nutzbar ist, für

- Dialog und Erfahrungsaustausch,
- Inhaltsarbeit, die beliebig viele andere Personen einbezieht, sowie für
- Vorträge, Inputs und Präsentationen, die anschaulich vorgestellt werden können.

Die Bilderwand, die in einem Workshop erarbeitet wurde, bietet neben der Möglichkeit des Zusammenfassens am Schluss auch eine sichere Grundlage für den Einstieg in die nächste Sitzung oder für die schnelle Einführung von Personen, die bei der Veranstaltung nicht dabei waren.

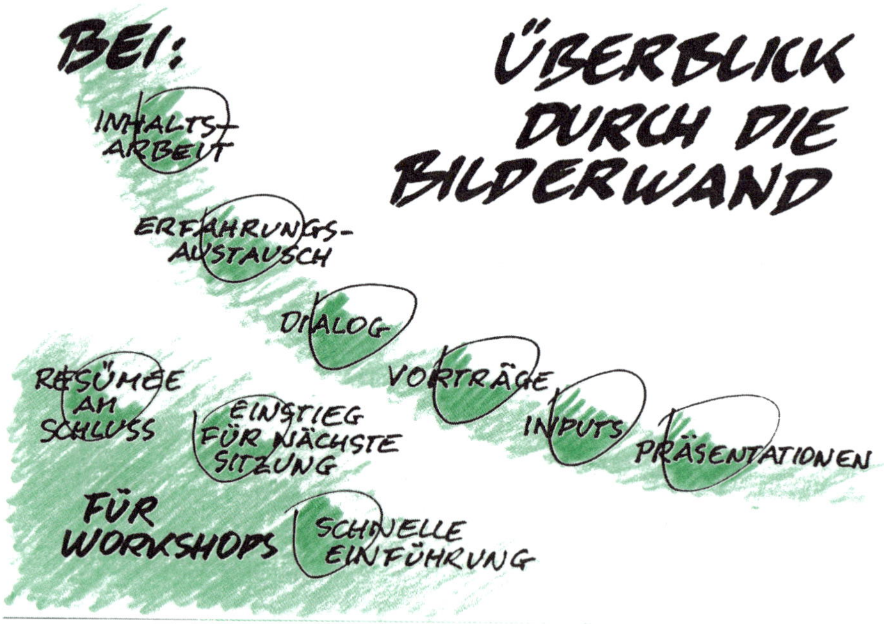

## Abgestimmt auf den Punkt kommen

Der Aufbau einer Bilderwand erlaubt nicht nur eine effektive Vorbereitung für einen anschaulichen Vortrag oder eine eindrucksvolle Präsentation von Workshop-Ergebnissen. Er kann darüber hinaus als eine katalytische Arbeitsoberfläche für die inhaltliche Entwicklungsarbeit in einem Workshop genutzt werden. Hier ist es möglich, Schritt für Schritt aus dem Spektrum der Informationen zusammen mit den Beteiligten einer Arbeitssitzung die wesentlichen Punkte herauszuarbeiten.

Dies ist mit wenig Zeitaufwand möglich, wenn der Bildmoderator die einzelnen Elemente der Bilderwand in der Arbeitssitzung von Anfang an kontinuierlich aufhängt und »in kleinen Portionen« resümiert. Dies gibt den Teilnehmern Gelegenheit, sich ständig mit der Bilderwand vertraut zu machen und die visualisierten Inhalte immer wieder zu reflektieren, zu korrigieren und abzustimmen. Wenn dann noch entscheidende Fragen zu klären bleiben, kann der Bildmoderator diese übersichtlich vorbereitet zur Diskussion stellen oder die Gesprächspartner für kurze Abstimmungsgespräche hinzuziehen, in denen in der Bilderwand Akzente gesetzt werden oder eine Verdichtung stattfindet.

*Reflektieren, abstimmen, verdichten*

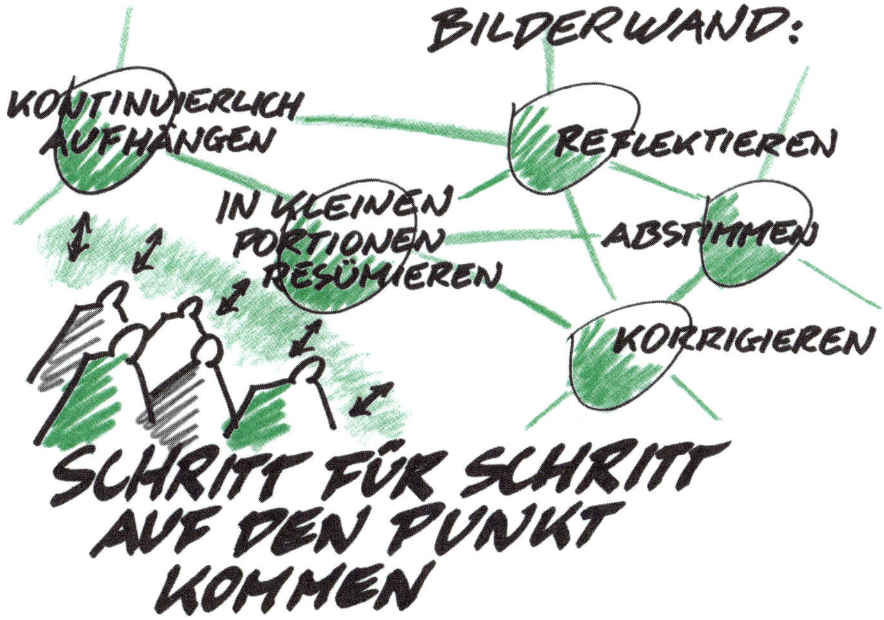

## Nutzungsmöglichkeiten

*Umsortieren*

*Bildnetzwerke, Cluster und Patternbildung*

An einer Pinnwand können Bilder mit Nadeln so befestigt werden, dass sie flexibel umgehängt und damit in unterschiedlicher Weise sortiert oder strukturiert werden können. So entstehen netzwerkartige Strukturen oder Cluster, in denen Gruppen von Bildern zusammengeordnet sind. Die Verwendung von Pinnwänden ist hier sinnvoll. Diese sollten allerdings zunächst mit Packpapier bezogen werden. Auf dieses werden die Bildmodule zunächst flexibel mit Nadeln befestigt. Wenn ihre Positionierung feststeht, werden sie aufgeklebt.

*Markieren und Spuren erarbeiten*

*Spuren in einer chronologischen Geschichte*

Chronologisch untereinander geklebte Bilder erlauben es, die Inhalte einer vergangenen Sitzung wie in einer Bildergeschichte zu resümieren.

Einzelne Bilder können mit farbigen Punkten, Haftzetteln und gezeichneten farbigen Symbolen markiert werden. So wird Wichtiges hervorgehoben. Auch können Bilder zu gleichen Themen in derselben Farbe gekennzeichnet werden. Dadurch werden gleichsam »Fußstapfen« sichtbar, die in einer Spur mit mehreren Bildern über die Bilderwand »laufen«. So können wir die Veranstaltung mit unterschiedlichen Schwerpunkten und aus unterschiedlichen Perspektiven »nochmals Revue passieren« lassen.

*Wie ein roter Faden*

*Die Bilderwand als kontinuierliche und permanente Arbeitsoberfläche*

Die Möglichkeit, Kommentare an die Bildmodule zu hängen, eröffnet noch eine weitere Nutzungsdimension für Bilderwände. Bleiben die Zeichnungen nach einem Workshop im Projektraum hängen, so lässt sich die Bilderwand als permanente Arbeitsoberfläche nutzen: Zwischen Workshops oder Arbeitssitzungen können Teilnehmer hier unabhängig voneinander Ideen, Anregungen und Meinungen auf gelben Klebezetteln anbringen, die dann beim nächsten Workshop weiterbearbeitet werden.

*Denkraum und Projektgedächtnis*

Auch für die Präsentation eines Projekts oder für die Abstimmung mit Entscheidungsträgern kann eine solche permanente Arbeitsoberfläche überaus wirkungsvoll sein und den Projektraum zu einem transparenten Denk- und Dialograum machen.

## Klare Strukturen für Bilderwände

*Eine große Zahl von Bildmodulen durch markante Strukturierung handhabbar machen*

Eine Bilderwand sollte man gut erkennbar strukturieren, vor allem, wenn sie viele Elemente enthält. Titelkarten über der Bilderwand sind dafür ein wirkungsvolles Mittel. Titelkarten sollten sich in Form und Farbe eindeutig von den anderen Bildmodulen unterscheiden. Auch der Abstand zwischen den Bildern, die Anordnung an unterschiedlichen Wänden und der Wechsel von kleinen (zum Beispiel DIN-A6-Karten) und großen Bildern (beispielsweise DIN-A1-Format) sind hilfreich. Zusätzlich können durch größere Fotos, Pläne und andere Dokumente Schwerpunke zwischen den Zeichnungen gesetzt werden.

Durch einen Wechsel von Bildern mit dichter Zeichnung und Blättern mit leeren Flächen können wir Zäsuren setzen und die Dramaturgie der visuellen Geschichte leichter ablesbar machen.

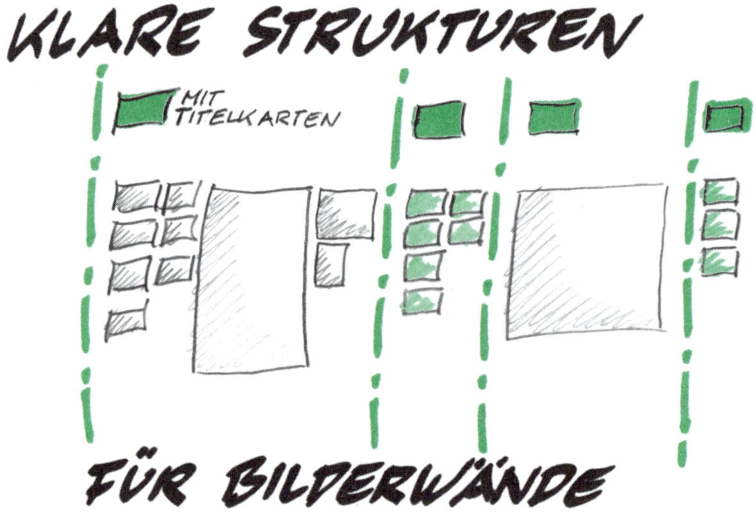


## Nüchterne Bilder und inhaltliche Blickfänge

*Attraktive Bilder werten einfache in ihrer Nachbarschaft auf*

Oft habe ich beim Visualisieren in einem Workshop erlebt, dass es mich stört, wenn auf einzelnen Karten nur Stichworte ohne Bild festgehalten wurden. Dann habe ich aber in der aufgehängten Bilderwand gesehen, dass dies keine negative Wirkung hat. Wenn es also einmal nicht gelingt, in der Schnelligkeit einer Diskussion sofort Bilder zu realisieren, sollte man sich nicht scheuen, nur die Stichworte zu Papier zu bringen. Eine Bilderwand mit vielen Piktogrammen verträgt es durchaus da und dort, dass einzelne Karten nur Schrift enthalten.

Andererseits kann die Attraktivität einer Bilderwand dadurch erhöht werden, dass an ein paar Stellen – gut verteilt – einzelne genauer ausgeführte, vielleicht auch farblich besonders interessant gestaltete Bilder eingestreut sind. Diese können einzelne Gesichtspunkte als Blickfänge wirkungsvoll hervorheben, die Bilderwand dadurch inhaltlich strukturieren und durch Schwerpunkte gliedern.

Im Berufsalltag hat es sich in meinen Projekten bewährt, den Visualisierungsstil durch einfache Piktogramme und reduzierte Farbgebung eher nüchtern zu halten und nur hier und dort, wo auch inhaltlich Schwerpunkte gesetzt werden, Bildmodule mit ausgeführten Zeichnungen und auffälligeren Farben visuell attraktiv anzureichern. So entsteht ein interessanter »Mix« von eher nüchternen Bildern und eingestreuten farbigen Blickfängen. Diese beleben die Bilderwand. Immer ist aber dabei zu beachten, dass wir nur etwas zeichnen, das wir auch zeichnen können.

*Auf die »richtige« Mischung kommt es an*

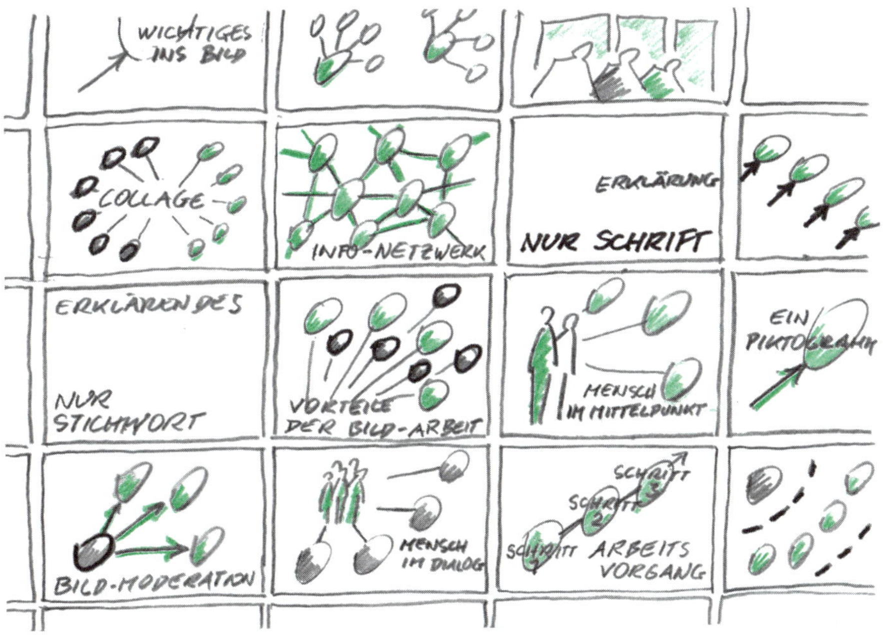

## Die Arbeitsschritte beim Visualisieren in Workshops und Arbeitssitzungen

*Arbeitsschritte*

### Aktiv zuhören und zeichnen

Ich höre konzentriert zu, was gesagt wird. Ich beginne sofort zu zeichnen und Stichworte ins Bild zu schreiben.

*In den Fluss des Gesagten kommen*

Warten erschwert den Einstieg. Besser ist es, wenn ich mich von Anfang darauf einstelle, mich nach und nach in den Fluss der Diskussion oder des Vortrags einzufinden. Schnell halte ich das Wichtigste fest.

Unfertiges markiere ich sofort mit gelben Zetteln, lasse mich aber von Unvollständigem nicht aufhalten, sondern gehe weiter zur nächsten Aussage und beginne das nächste Bildmodul.

## Unfertiges vervollständigen

*Unfertiges vorstellen*

Wenn sich in der Diskussion Aussagen wiederholen, die bereits festgehalten sind, oder die wichtigen Gesichtspunkte langsamer in der Diskussion aufeinanderfolgen, habe ich Zeit, etwas zu vervollständigen. Diese Nacharbeit unterbreche ich aber sofort, wenn ein neuer Gesichtspunkt angesprochen wird.

Auch in Pausen kann ich Unfertiges vervollständigen. Da kann ich gleichzeitig beginnen, Bilder chronologisch zusammenzukleben und aufzuhängen.

## Die Bilder als Rückblick kurz vorstellen

*Bildresümee*

Wenn die Bilder aufgehängt sind und eine Arbeitseinheit des Workshops abgeschlossen ist, stelle ich den Teilnehmern in einem Resümee die Bilder vor.

Diese Vorstellung darf nicht zu lange dauern oder zu langatmig sein (fünf bis zehn Prozent der visualisierten Workshop-Zeit). Wichtig ist es, die Arbeitseinheiten nicht zu lange anzulegen (maximal drei Stunden).

Wenn ich die Punkte zielstrebig und zügig durchgehe, werden sich die Teilnehmer nur bei gravierenden, wichtigen Gesichtspunkten zu Wort melden. Es sollte an dieser Stelle aber nicht zu einer langen Diskussion kommen. Wenn es umfangreicheren Diskussions- und Klärungsbedarf gibt, sollte das Thema für eine eigene Arbeitssitzung eingeplant werden.

## Fragen zum Bildresümee

*Fragen an die Teilnehmer*

Bevor ich mit dem Resümee beginne, stelle ich folgende Fragen:

- Habe ich alles Wichtige erfasst? Fehlt etwas? Was muss ich ergänzen?
- Gibt es etwas zu korrigieren? Gibt es Schreibfehler?
- Was ist wichtig, was ist unwichtig?
- Gibt es andere Sichtweisen, die noch nicht erfasst sind?
- Gibt es Lücken oder Fragen, die noch unbeantwortet geblieben sind?
- Wer hat darüber hinaus noch Fragen?
- Wer möchte noch Hinweise und Anregungen einbringen?

## Anregungen, Korrekturen, Fragen sofort sichtbar machen und zuordnen

*Anregungen sofort sichtbar machen*

Beiträge der Teilnehmer zum Bildresümee sollten sofort festgehalten werden. Dies kann in Stichworten oder einfachen Piktogrammen erfolgen. Dafür können gelbe Haftzettel oder kleine Karten (auch DIN-A7-Karten) verwendet werden.

Wichtig ist es, diese Gesichtspunkte sofort zuzuordnen und an die richtige Stelle in der Bilderwand zu hängen. Sie sind auch für die Schlussrunde wichtig.

## Schlussrunde

*Schlussrunde und Ergebnispattern*

Eine visuelle Veranstaltung ist dann besonders erfolgreich, wenn sich am Schluss ein klares Ergebnispattern herauskristallisiert hat. Dies kann durch eine Markierung einzelner Bilder sichtbar werden. Sehr wirkungsvoll ist es, in der Pause vor der Schlussrunde auf wenigen Charts ein Netzwerk der Ergebnispunkte in ihrer Beziehung zueinander zu entwickeln.

## Das Präsentieren von Bildern an der Wand

### Ziele beim Präsentieren

Zum Vorstellen meiner Bilder hefte ich sie meist an Pinnwände, an die Wand oder belasse sie auf dem Flipchart, auf das ich das Bild gezeichnet habe. Vier Aspekte sind mir beim Präsentieren wichtig. Ich möchte

*Regeln für das Präsentieren*

- eine Beziehung zu den Bildern herstellen,
- die Zuhörer einbeziehen,
- den Überblick herstellen, wenn ich mehrere Bilder aufgehängt habe, und
- immer wieder Verknüpfungen zwischen unterschiedlichen Bildern und Bildteilen herstellen.

## Die Beziehung zu den Bildern

*Auf das Bild zeigen*

Während ich meine Inhalte vortrage, deute ich auf die entsprechende Stelle in meinem Bild, an der der besprochene Gesichtspunkt visualisiert ist beziehungsweise wo der Aspekt situiert werden kann. So zeige ich jede Aussage im Kontext und in Verknüpfung mit den anderen Inhalten meines Vortrags, die im Überblick an der Wand sichtbar sind. Am liebsten zeige ich mit dem Finger oder meinem Zeichenstift auf das Bild. Manchmal benutze ich einen zusammenschiebbaren Zeigestab oder einen Laserpointer. Damit kann ich auch entfernte Teile einer größeren Bilderwand erreichen.

## Die Zuhörer einbeziehen

Wenn ich auf die Bilder deute, besteht immer die Gefahr, dass ich nur auf die Bilder schaue und mich von den vor mir stehenden Zuhörern abwende oder ihnen gar den Rücken zeige. Das möchte ich vermeiden. Ich sehe also kurz auf mein Bild, finde den nächsten Gesichtspunkt, deute darauf und wende mich sofort wieder den Zuhörern zu. Ich drehe den ganzen Körper zu meinen Gesprächspartnern. Oft lasse ich dabei meinen Finger längere Zeit an der entsprechenden Stelle des Bildes.

## Überblick herstellen

*Durch das Vorstellen der Überschriften Gesamtdramaturgie transparent machen*

Wenn ich mehrere Bilder an der Wand aufgehängt habe, zeige ich zu Beginn meines Vortrags zunächst die grobe Themenstruktur, indem ich die übergeordneten Überschriften vorlese und erkläre, was meine Zuhörer erwartet. Dabei ist es mir wichtig klarzumachen, wie die verschiedenen Themen aufeinander aufbauen, wie sie nacheinander entstanden sind, wo Gemeinsamkeiten bestehen und wo das Ergebnis gezeigt wird. So können wir von vorneherein die Gesamtdramaturgie des Vortrages für alle transparent machen. Manchmal gebe ich dann den Zuhörern bewusst die Möglichkeit, Schwerpunkte zu setzen, wo ich die Inhalte ausführlicher besprechen soll.

### Verknüpfung zwischen unterschiedlichen Bildern und Bildteilen

*Bilder verknüpfen zu einem Netzwerk von Informationen*

Während des Vortrags erscheint es für mich besonders Gewinn bringend und spannend, wenn ich Querbezüge herstellen kann. Gerne gehe ich beim Sprechen zurück zu einem früher bereits angesprochenen Gesichtspunkt, zeige darauf und erkläre, wie dieser mit dem gerade besprochenen Inhalt zusammenhängt. Bisweilen markiere ich diese Verknüpfungen mit farbigen Klebepunkten oder Post-its. Wie auch immer wir diese Bezüge herstellen, stets entsteht ein sichtbares Netzwerk von Informationen. Dieses professionell zu realisieren erfordert einige Übung, besondere Präsenz der Inhalte und genügend Sicherheit, um sofort zu dem zuletzt vorgestellten Aspekt zurückzufinden.

## Der Arbeitsplatz des Zeichners

*Arbeitsfläche zum Zeichnen*

Nur wenn eine größere Zahl von Personen das Zeichnen mitverfolgen soll, zeichne ich auf einem Flipchartständer. Sonst bevorzuge ich das Arbeiten an einem Tisch. Wenn ich kleine Bilder in einer Arbeitssitzung erstelle, ist das ohnehin nahe liegend. Aber auch größere Charts zeichne am liebsten auf dem Tisch. Dabei ist ein Gespräch mit zwei bis vier Personen durchaus noch möglich. Es ist hilfreich, die Arbeitsfläche so zu organisieren, dass alle Materialien in unmittelbarer Nähe greifbar sind. Fertige Bilder werden so abgelegt, dass Wichtiges, durch überstehende gelbe Zettel markiert, sichtbar bleibt.

# Handwerkliche Tricks und Materialien

## Wahl und Gebrauch der Stifte

*Zeichenstifte*

Mein Werkzeugkasten für die Visualisierung enthält zwei Arten von Stiften:

- Filzstifte für die Schriftelemente, für die Konturen der Piktogramme und für verknüpfende Linien und Pfeile,
- Farbstifte zum Kolorieren und Ausfüllen von Formen sowie zum Hervorheben und für Hintergrundflächen.

Ich habe mich für wenige Farben entschieden, sodass ich nur eine kleine Zahl von Stiften verfügbar halten muss (s. S. 68 ff. »Farben«).

Meine Filzstifte haben drei Strichstärken: auf der einen Seite dünn (ungefähr 1/2 mm), auf der anderen zwei verschiedene Dicken (etwa 2 mm und etwa 6 mm) je nachdem, wie ich den Stift halte.

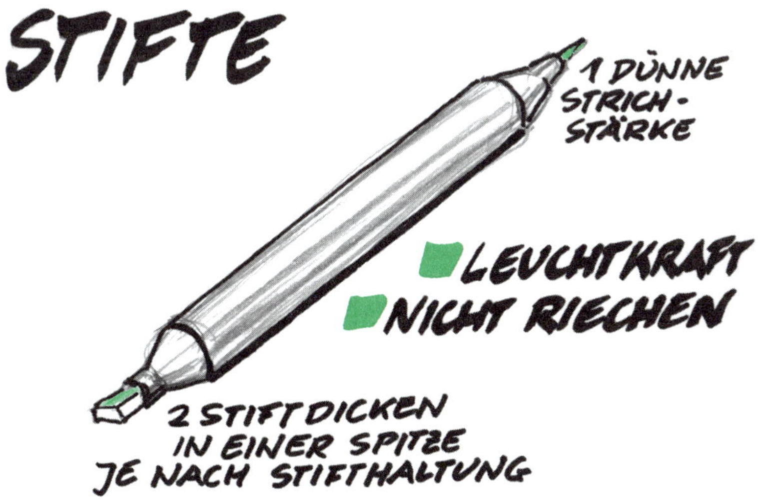

*Auswahlkriterien für Stifte*

Ein wichtiges Auswahlkriterium ist für mich, dass die Stifte nicht riechen. Außerdem wähle ich Farbtöne, die eine ansprechende Leuchtkraft besitzen (nicht fluoreszierend). Beim Zeichnen habe ich es mir angewöhnt, bei jedem Stiftwechsel die Verschlusskappe wieder aufzustecken. Dabei achte ich darauf, kein störendes Klicken der Verschlusskappe zu verursachen. Dies gilt auch, wenn ich die Stifte auf den Tisch lege. Bei der Verwendung von Filzstiften habe ich zur Sicherheit immer genügend Reservestifte bei mir.

Als Farbstifte bevorzuge ich dicke Stifte mit einem Holzdurchmesser von ungefähr 1 cm. Zum Halten im Wechsel mit den Filzstiften, die meist dicker sind als normale dünne Farbstifte, hat sich diese Dicke gut bewährt. Die dicken Stifte haben den Vorteil, dass sie kräftige Striche erlauben und für flächige Schraffuren auf Charts geeignet sind. Stets habe ich einen Spitzer bei mir.

### Papier- und Kartenqualität

*Zeichenpapier*

Für kleine Bilder verwende ich gerne Papier, das nicht zu dick ist (zum Beispiel DIN-A4-Blätter, 80 g). Diese sind gerade noch so durchscheinend, dass ich ein darunter gelegtes Raster durchsehen kann. So gelingt es mir leichter, gerade und horizontal zu schreiben. Papier dieser Stärke hat allerdings den Nachteil, dass der Filzstift zum Teil auf der Rückseite durchschlägt und sichtbar wird. Dies kann dazu führen, dass auf dem Tisch Filzstiftflecken entstehen. Ich habe es mir deshalb angewöhnt, grundsätzlich eine dicke Unterlage unter mein Zeichenpapier zu legen, wenn ich mit Filzstift zeichne. Ich tue das bei kleinen Bildern genauso wie bei Charts.

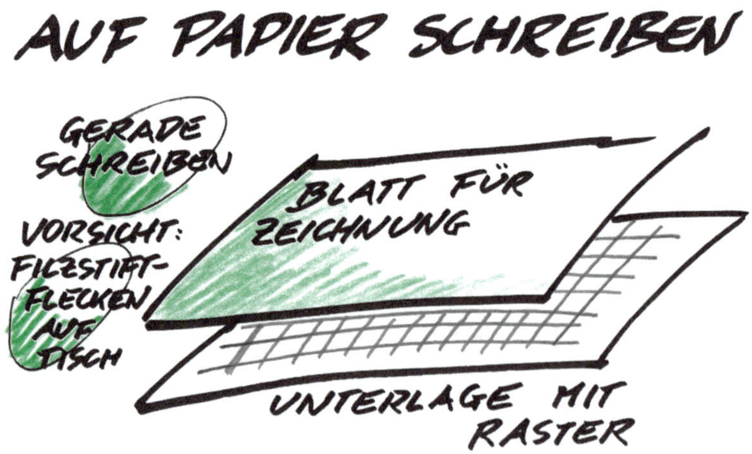

Außerdem male ich nicht auf Papier, das schon an der Wand hängt, außer ich habe darunter eine dicke Unterlage angebracht. Für kleine Bilder wirkt mein Rasterpapier gleichzeitig als Schutzunterlage. Wenn ich kartonierte Karten (beispielsweise DIN A6) verwende, kann ich freilich das Raster nicht mehr durchsehen. Dennoch hilft es mir, die DIN-A6-Karte auf ein DIN-A4-Raster zu legen. Das an allen Seiten überstehende Raster gibt meiner Schrift eine Orientierungshilfe. Kleine Bilder lege ich mit ihrer Unterkante parallel zu einer geraden Tischkante.

*Gerade Schrift durch Raster*

Für Charts verwende ich am liebsten Papier, das mit einem aufgedruckten Raster versehen ist. Allerdings zeichne ich immer auf die Rückseite. So habe ich ein weißes Zeichenfeld, gleichzeitig aber sehe ich das Raster beim Zeichnen ganz leicht durch, wenn ich das Papier auf ein weißes Flipchartpapier als Unterlage lege (auch zum Schutz wie bei der Papierqualität für kleine Bilder oben beschrieben).

*Flipchartpapier*

In der Regel sind normale Flipchartpapiere, Karten oder Kopier- und Druckerpapiere gut brauchbar, wenn sie nicht zu glatt und nicht zu rau strukturiert sind. Es ist aber immer sinnvoll, vor dem Gebrauch einen Test zu machen. Manchmal ist Papier sehr saugfähig. Das hat zur Folge, dass die Filzstifte schnell leer sind. Andererseits habe ich zuweilen bei Workshops Chartpapier vorgefunden, das eine sehr glatte Oberfläche hatte. Auf solchen stark geleimten Papieren kann die Filzstiftfarbe lange auf der Oberfläche stehen bleiben, bevor sie abtrocknet. Das kann beim schnellen Zeichnen leicht dazu führen, dass wir das Gezeichnete mit der Hand verschmieren. Das Papier sollte daher genug Saugfähigkeit besitzen, damit die Farbe sofort trocken ist und wir getrost an einer begonnenen Zeichnung weiterarbeiten können.

## Die Wahl des geeigneten Papierformates

*Papier- und Kartengrößen*

Das Arbeiten mit kleineren Formaten (DIN A5 oder DIN A6) ist sinnvoll, wenn auf jeder Karte nur ein Gesichtspunkt festgehalten wird und so Bildmodule entstehen. Dies macht das Umsortieren, Umgewichten oder das Herausnehmen einzelner Gesichtspunkte leichter möglich. Für das schnelle Festhalten von Inhalten und Ergebnissen in Workshops und Arbeitssitzungen haben sich Karten im A6-Format bewährt. Aber auch DIN-A4-Papier oder Karten in DIN A5 sind geeignet.

Das Format DIN A4 ist dann sinnvoll, wenn die Inhalte etwas größer sichtbar sein sollen als auf DIN A6, wenn wir weniger Informationseinheiten erwarten oder genügend Wandfläche zur Verfügung steht. Das Format DIN A6

*Kriterien für die Wahl der Papiergrößen*

hat einen Vorteil für die Dokumentation. Drei DIN-A6-Karten passen auf ein DIN-A3-Blatt und können leicht verkleinert auf DIN A4 kopiert werden.

Die Kartengröße DIN A6 zwingt mich, nur die wichtigsten Schlüsselwörter und Piktogrammstrukturen darzustellen. Mehr Platz bietet dieses Kartenformat nicht. Diese Beschränkung habe ich oft als Hilfe empfunden, um präzise »auf den Punkt zu kommen«.

Großes Papier (DIN A1, Flipchartgröße oder pinnwandgroßes Packpapier) eignet sich dagegen besser, um Zusammenhänge mehrerer Gesichtspunkte oder Wissenslandschaften darzustellen. DIN A1 ist hier ein günstiges Format, weil es in Kopierläden Geräte gibt, die solche Großkopien 1:1 oder verkleinert erlauben. Leider ist Flipchartpapier in der Regel so groß, dass ich es für meinen Gebrauch auf DIN A1 zuschneiden muss.

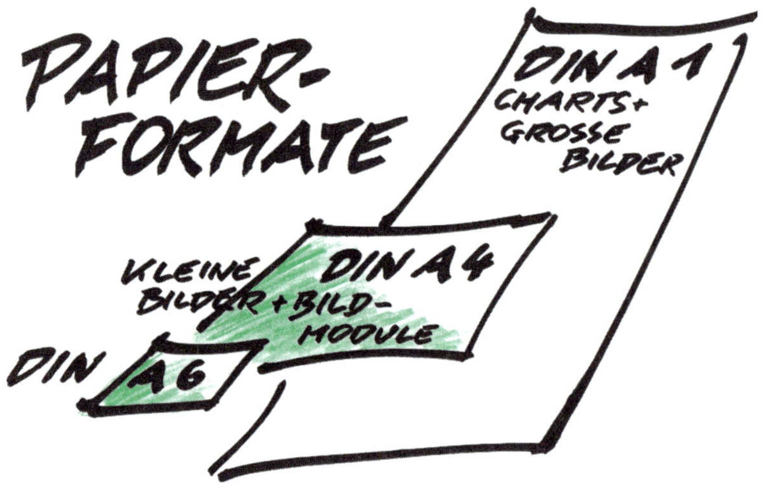


## Mit Korrekturband verbessern

*Verbesserungen nur auf Wunsch*

Es kommt nur in Ausnahmefällen vor, dass ich an Visualisierungen zu den Aussagen anderer von mir aus eine Korrektur vornehme, weil ich eine Zeichnung nicht gelungen finde. Meistens ist der erste »spontane Wurf« für ein Bild am ehesten treffend. Ich nehme jedoch Verbesserungen vor, wenn diese aus inhaltlichen Gründen von den Gesprächspartnern gewünscht werden.

In diesen Fällen geht es meistens schneller, das Bild ganz neu zu zeichnen, als auf dem fertigen Bild eine Korrektur vorzunehmen. Sollte ich dennoch etwas in einem fertigen Bild verbessern, so überklebe ich es zunächst mit Korrekturband (weißer selbstklebender Papierstreifen auf Rolle, am besten in einer Schachtel mit Kante zum Abreißen). Diese Korrekturform hat sich bewährt, weil es möglich ist, sofort auf die verbesserte Stelle zu schreiben oder zu zeichnen, ohne eine Wartezeit einhalten zu müssen, wie dies beispielsweise beim Verwenden eines Korrekturlackes aufgrund der Trockenzeit notwendig ist.

*Fehlerkorrektur*

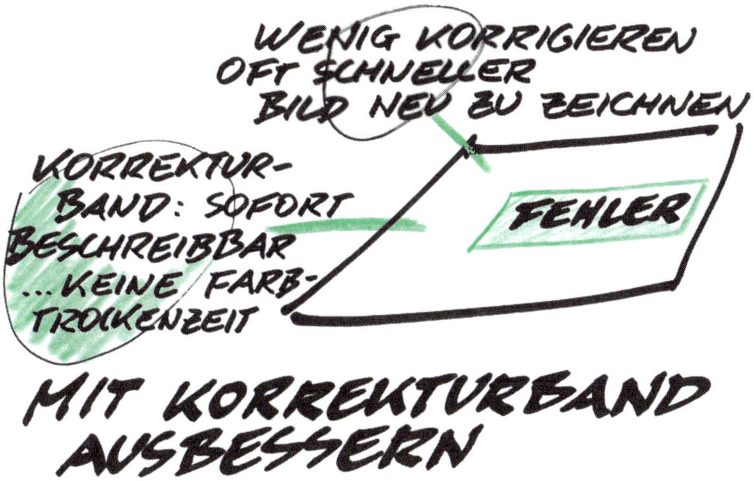


Das Korrekturband habe ich in zwei Breiten, die zu meinen Schriftgrößen passen. Ich achte darauf, dass es so stark ist, dass die überklebte Zeichnung möglichst wenig durchscheint. Das manuelle Abreißen des Klebebandes geht meist schneller als das Schneiden mit dem Cutter.

## Pinnwandnadeln

*Mit Nadeln aufhängen*

Wenn wir unsere Bilder mit Nadeln an eine Pinnwand hängen, dann sollten wir Pinnwandnadeln verwenden, die Köpfe haben, die groß genug sind, um sie bequem halten und leicht in die Pinnwand einstecken zu können. Ich achte darauf, dass die Nadelköpfe nur eine Farbe haben, am liebsten weiß. Ich befestige die Nadeln mit genügend Abstand vom Rand und hänge jedes Bild extra auf, hefte also nie zwei überlappende Bilder mit einer Nadel an. Wie beim Aufhängen mit Klebeband befestige ich die Bilder jeweils oben und unten.

## Kleben und Aufhängen der Bilder

Klebeband verwende ich für zwei Zwecke:

- für das Zusammenkleben von kleinen Bildern sowie
- für das Aufkleben an der Wand.

*Bilder mit Klebeband zusammenkleben oder aufhängen*

Am besten hat sich rückstandsfrei ablösbares Klebeband mit leichter Kreppstruktur bewährt.

Kleine Bilder klebe ich häufig in Reihen zusammen. Ich befestige dafür das Klebeband auf der Rückseite im rechten Winkel zur Papierkante über die beiden benachbarten Bilder. Wenn es um Karten oder dickeres Papier geht, lasse ich zwischen den Bildern einen geringfügigen Abstand, sodass die Bilderreihe trotz der Papierstärke leicht ohne Umknicken des Randes wie eine Ziehharmonika zusammengefaltet werden kann.

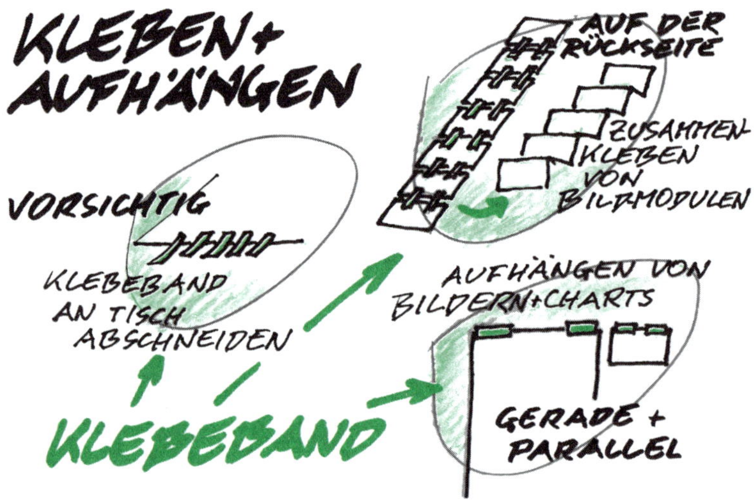


Wenn es nicht möglich ist, die Bilder mit Pinnwandnadeln an eine Pinnwand zu hängen, verwende ich Klebeband zur Befestigung. Beim Aufhängen von kleinen Bildern oder Charts an der Wand habe ich es mir angewöhnt, das Klebeband parallel zum oberen und unteren Papierrand zu befestigen, wobei ich darauf achte, dass die Enden des Klebebandes ungefähr rechts und links bündig mit der Papierkante abschließen.

*Klebeband abschneiden*

Dafür schneide ich die Klebebandstücke sorgfältig etwa im rechten Winkel ab. Dies ist mit etwas Übung mit Cutter oder Schere schnell machbar. Wir können das Klebebandende auf eine Tischkante kleben, das Klebeband ein Stück von der Rolle abrollen, dann in der richtigen Länge abschneiden, sodass es über die Tischkante herausragt. Stück für Stück kann ich so eine Reihe von Klebebändern nacheinander an die Tischkante kleben und dort so lange lassen, bis ich sie benötige. Dann kann ich sie leicht an dem überstehenden Ende abnehmen. Manchmal verwende ich dafür auch eine Stuhllehne. So können die vorbereiteten Klebestreifen nahe an den Ort gebracht werden, wo ich sie brauche. Bitte die Oberfläche von Tisch oder Stuhl testen, damit Beschädigungen durch das Klebeband vermieden werden.

Wenn Sie eine Schere verwenden, müssen Sie diese von Zeit zu Zeit von Kleberrückständen säubern. Bitte achten Sie beim Verwenden eines Cutters oder einer Schere immer auf Ihre Sicherheit und auf Ihre Finger. Grundsätzlich schiebe ich nach jedem Schneiden die Klinge wieder in den Schutzgriff zurück. So vermeide ich, dass ich mich mit einer offenen Klinge im Raum bewege und mich oder andere verletze, wenn ich zum Beispiel ein Chart aufhänge und den Cutter noch in der Hand habe.

*Entfernen der Bilder von der Wand*

Beim Entfernen der Bilder hat es sich bewährt, vorsichtig am Papier mit dem Ablösen des Klebebandes zu beginnen und das Klebeband langsam zur Wand hin abzuziehen. Grundsätzlich löse ich das Klebeband immer ganz ab und belasse es nie am Papier, da sonst ein Zusammenkleben mit anderen Papieren kaum zu vermeiden ist.

Beim Befestigen von Bildern an der Wand ist außerdem generell Vorsicht geboten. Es sollte zunächst getestet werden, ob der Putz fest genug hält und nicht mit dem Klebeband abgeht. Ich erinnere mich an einen Kollegen, der an eine überaus aufwändig gestaltete Wand mit dem falschen Klebeband Bilder bei einem Kunden aufgehängt hatte und beim Abhängen der Bilder die Wand so sehr beschädigte, dass sie neu verputzt werden musste.

## Transport

*Zum Aufhängen und Einpacken*

Kleine Bilder DIN A6 oder DIN A4 können in Reihen geklebt und wie eine Ziehharmonika gefaltet werden. Beide Formate lassen sich in einen DIN-A4-Ordner mit etwas Übergröße verpacken. DIN-A6-Karten, die im Querformat untereinander in einer Reihe zusammengeklebt sind, können jeweils nach drei Karten gefaltet werden, sie sind etwas höher als ein DIN-A4-Hochformat.

*Charts transportieren und auspacken*

Charts können ebenfalls auf DIN A4 gefaltet werden. Wen die Faltung stört, der kann seine Charts in einer Rolle oder einer Mappe transportieren. Die Mappe ist besonders zu empfehlen, wenn auf die Charts Unterlagen, Fotos oder Dokumente aufgeklebt sind. Wollen wir solche Collage-Charts dennoch rollen, so ist es sinnvoll, die aufzuklebenden Teile nicht vollflächig, sondern nur entlang einer Kante aufzukleben, die beim Rollen gerade bleibt. Günstig ist es, wenn das Aufgeklebte nach außen gerollt ist, dann steht die Unterkante des Aufgeklebten nicht zu sehr ab. Nach dem Aufhängen sollte die Unterkante des Geklebten leicht auf dem Chart befestigt werden.

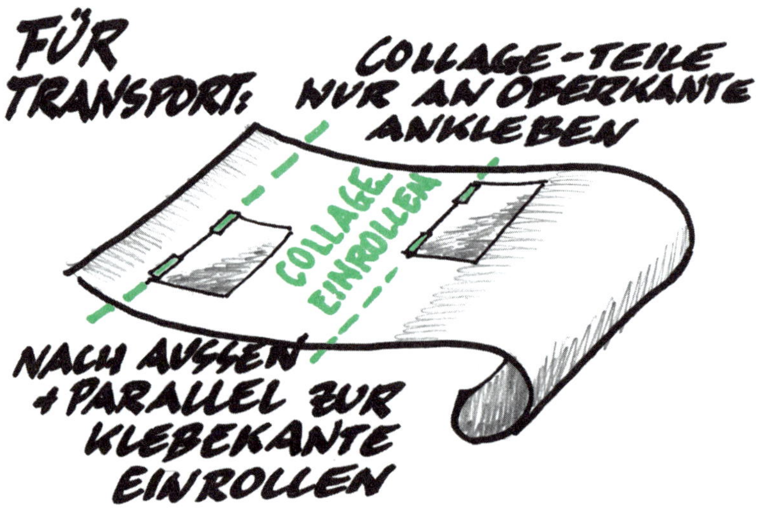


## Dokumentation

Nach einem Workshop, einem Seminar oder einer Arbeitssitzung können die Bilder, wenn sie am Schluss mit den Teilnehmern abgestimmt wurden, sofort kopiert und als Protokoll verteilt werden.

*Protokoll und Broschüre*

Kleine Bilder kann man gut fotografieren oder einscannen. Kopien und Ausdrucke können in einer Broschüre zusammengebunden werden. Verkleinerungskopien von drei DIN-A6-Karten übereinander auf DIN A4 oder vier solcher Karten auf A3 und auf A4 verkleinert sind eine gute Grundlagen für Broschüren.

*Dokumentation von Plakaten und Bilderwänden*

Plakate können aus kleinen Bildern zusammengesetzt und wie Charts im Format DIN A1 kopiert werden (was in Kopierläden allerdings nicht ganz billig ist). Auch ausgeplottete Digitalfotos von Bilderwänden, Pinnwänden oder Charts sind interessant. Das Einbinden in eine Computerpräsentation ist ebenfalls möglich.

# Die Grundhaltung des Zeichners

## Grundhaltung – sichtbar in der Form der Zeichnung

*Positive Haltung des Zeichners*

Die Ausführung der Bilder und Bildstrukturen macht nicht nur Inhalte sichtbar. Da eine Zeichnung nie wirklich objektiv sein kann, schwingt in ihr immer ein Stück die Haltung des Zeichners mit. Diese kann positiv auf die Arbeitssituation wirken, wenn sie offen und ehrlich gezeigt wird. Folgende Grundhaltung erscheint mir für den Zeichner wichtig:

- positive Stimmung,
- Offenheit für die Dialogpartner,
- Sicherheit, ein wertvoller Teilnehmer zu sein,
- Freude am Gespräch,
- Neugierde,
- Ehrlichkeit als Grundlage für gegenseitiges Vertrauen,
- Vertrauen auf die eigene Routine und auf das Wissen und Können der Gesprächspartner,
- Professionalität durch die Konsequenz und Durchgängigkeit der eingesetzten Mittel und der gelebten Rituale.

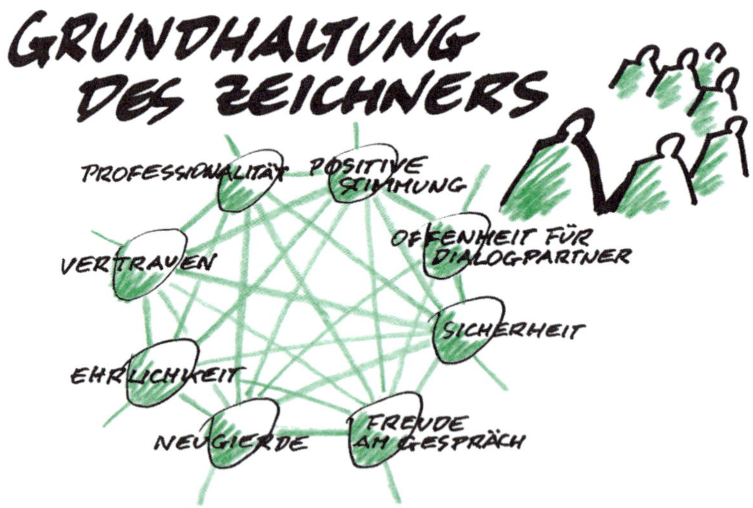

## Vertrauen und Sicherheit in der Visualisierung

Es kann immer wieder vorkommen, dass beim Visualisieren in einer Diskussion oder einer Arbeitssitzung ein Gesichtspunkt, den wir zeichnen wollten, nicht schnell genug mit Bild und Stichwort festgehalten werden kann und deshalb verloren zu gehen droht.

*Jeder Augenblick ist eine neue Chance, es besser zu machen*

Folgendes habe ich in solchen Situationen gelernt: Wenn etwas nicht visualisiert werden kann, darf ich mich keinesfalls an diesem »Misserfolg« festbeißen oder verkrampft versuchen, das Entgangene wieder zu finden. Dadurch würde noch viel mehr verloren gehen, denn es wäre mir unmöglich, zu den darauf folgenden Aussagen Bilder zu machen. Bewährt hat es sich, einen möglichen Verlust zu akzeptieren und einfach den nächsten Inhaltspunkt zu zeichnen. Nachher habe ich dann oft festgestellt, dass das verloren Geglaubte später noch einmal gesagt wurde oder es die Möglichkeit gab, die Gesprächspartner nach dem fehlenden Inhaltspunkt zu fragen. Dafür ist es hilfreich, in der Chronologie die Stelle in dem Bild davor oder danach zu markieren.

## Positive Stimmung – nicht Manipulation

Meinen Kunden und meinen Zeichenschülern sage ich, dass es mir beim Visualisieren wichtig ist, eine positive Grundstimmung zu vermitteln. Dies erreiche ich mit verschiedenen Mitteln:

- durch die Richtung meiner Pfeile,
- durch das Vermeiden von Durchstreichen,
- durch die Richtung meiner Schrift und
- die Richtung der Gesamtstruktur.

Wenn ich dies den Teilnehmern meiner Zeichenseminare erzähle, denke ich mir manchmal: »Ob die Zuhörer da nicht meinen, ich greife eigenmächtig in die Inhalte meiner Kunden ein und manipuliere sie geradezu?«

Ich habe dazu folgende Sicht: Meine Zeichnungen sind kein Abguss der Wirklichkeit, sondern eine Rückspiegelung durch den Zeichner. Wenn etwas gesagt wird und ich es höre, so höre ich eine bestimmte Sichtweise heraus, die ich in meiner Weise ins Bild bringe. Trotzdem ist es eines meiner wichtigsten Ziele, mit meinen Zeichnungen nicht zu manipulieren, sondern punktgenau das Anliegen meiner Gesprächspartner zu treffen. Wie ist das möglich?

*Transparenz statt Manipulation*

Ganz einfach: Ich frage die Teilnehmer: »Habe ich alles richtig verstanden? Passt das gezeichnete Bild? Muss ich etwas ändern, damit es stimmt? Habe ich etwas vergessen, das wir ergänzen müssen? Sind alle mit dem Bild einverstanden? Können wir ›Widerspruchs-Bilder‹ dagegen setzen und unterschiedliche Sichtweisen verschiedener Teilnehmer nebeneinander stellen?«

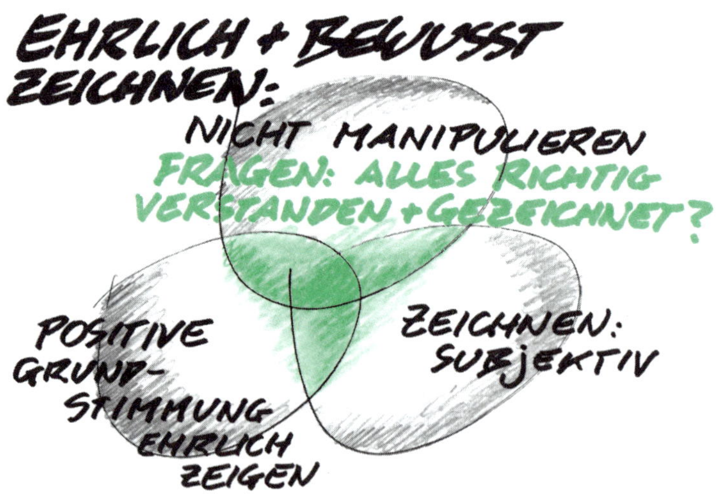

### Zum Durchstreichen in der Visualisierung

*Unterschiedliche Perspektiven zulassen*

Grundsätzlich streiche ich nichts in meinen Bildern durch. Ich will eine Grundhaltung visuell symbolisieren, in der es kein »Richtig« oder »Falsch« gibt. Dies liegt häufig in den unterschiedlichen Perspektiven und daran, dass jeder nur einen kleinen und anderen Ausschnitt einer gemeinsamen Realität sieht. Hier wäre es verfehlt, irgendeine Ansicht durchstreichen zu wollen. Notwendig erscheint es mir stattdessen, Gegensätzliches und Konträres stehen zu lassen und zu akzeptieren. Damit kann ich für alle sichtbar machen, dass hinter Widersprüchen oft ein gemeinsames menschliches Anliegen stecken kann, das aber in unterschiedlichen Kulturen und Kontexten ganz verschieden formuliert wird. In meinen Bildern darf jede Ansicht, jede Anschauung und jede Interessenlage Raum finden. So stehen oft gegensätzliche Aussagen nebeneinander. Und häufig war ich überrascht, wie es die Sichtbarkeit dieser Gegensätze schafft, Brücken zu schlagen zwischen Bildern, die Gegenteiliges auszudrücken scheinen.

So wird in den Bildstrukturen auf natürliche Weise klar, dass Andersartiges das Recht hat zu bestehen.

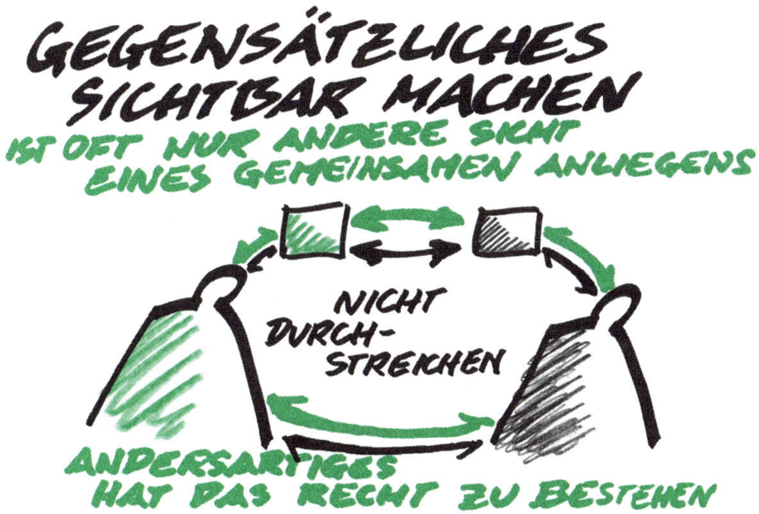

## Sichere Schritte zum erfolgreichen Zeichnen

*Das Beschriebene selbst erreichen*

Folgende Entwicklungsschritte haben sich für Menschen bewährt, die das Zeichnen erfolgreich in Dialogsituationen anwenden wollen:

- Spielerisch zu den im Buch vorgeschlagenen Zeichenelementen zeichnen.
- Die eigenen Zeichenelemente und Materialien herausfinden und nur die wichtigsten davon auswählen.
- Die vorgeschlagenen Übungen am Ende dieses Buches durchspielen.
- Bis zur Entwicklung einer sicheren Routine üben.
- Zunächst in Schutzräumen probieren (mit Freunden, wohlwollenden Kollegen, in der Familie) und dabei eigene Rituale etablieren.
- In professionellen Arbeitssitzungen und Dialogsituationen zeichnen, sich konsequent an die ausgewählten Elemente, Werkzeuge und Rituale halten.
- Kontinuierlich in Übung bleiben und nach und nach Elemente, Werkzeuge, Materialien, Rituale weiterentwickeln und optimieren.

### Entwicklung Ihres eigenen Bildbaukastens

*Ihr Bildbaukasten*

Ziel dieses Kapitelabschnitts ist es, Sie dabei zu unterstützen, Ihren eigenen visuellen Baukasten zusammenzustellen. Sie finden hier freie Felder zum Einzeichnen Ihrer Elemente, die Sie für Ihren eigenen visuellen Baukasten ausgewählt haben. Folgendes sollten Sie für sich entscheiden:

- Stifte, Papierformate,
- Farben,
- Grundformen,
- Farbstrukturen,
- eine für Sie passende Schrift sowie
- Layouttypen.

Für die Auswahl und Entscheidung zu den Basiselementen sollten Sie an die drei Grundregeln denken, die ich eingangs beschrieben habe. Wählen Sie aus:

- was Sie gut zeichnen können,
- was Sie immer wieder ähnlich zeichnen können.

#### Meine Materialien

Meine Stifte

.............................................................................

.............................................................................

.............................................................................

.............................................................................

Meine Papierformate

.............................................................................

.............................................................................

.............................................................................

.............................................................................

## Meine Grundformen

Mein Bubble

Mein Strich

Mein Pfeil

Meine Personen stehend

Meine Personen sitzend

Meine Farben (beispielsweise eine Auswahl von sechs Farben)

----------

----------

----------

----------

----------

----------

Meine Farbstrukturen (zum Beispiel mit Filzstift oder Buntstift)

----------

----------

----------

----------

----------

Mein für mich passendes Schriftmodell

----------

----------

----------

----------

----------

----------

Meine Layouttypen (z.B. drei verschiedene)

# Übungen

## Zur Vorbereitung

*Sicherheit über die Basiselemente schaffen*

Am meisten Gewinn haben Sie, wenn Sie sich zunächst mit den Grundregeln beschäftigen und die Basiselemente üben. Legen Sie die Basiselemente, die Sie beim Üben gezeichnet haben, nebeneinander und prüfen Sie, welche Ihnen am besten gefallen und welche Sie am konsequentesten mit dem gleichen Duktus immer wieder zeichnen können.

Wenn Sie unsicher sind, dann fragen Sie Freunde, Familienmitglieder oder wohlwollende Kollegen danach, welche Basiselemente Ihnen am besten gefallen. Dann entscheiden Sie sich für Ihre ganz persönlichen Favoriten. Erstellen Sie danach Ihren eigenen Bildbaukasten und legen Sie diesen gut sichtbar für die Übungen vor sich hin. Versuchen Sie, Ihre eigenen Basiselemente und Grundbausteine konsequent in den Übungen anzuwenden und immer wieder in der für Sie typischen Art zu zeichnen.

Betrachten Sie nach den Übungen Ihre Zeichnungen und prüfen Sie nochmals, ob sich die Wahl Ihrer Basiselemente bewährt hat.Vielleicht sehen Sie auch Möglichkeiten, wie Sie Ihre Basiselemente noch weiter optimieren können. Auf diese Weise schaffen Sie sich eine fundierte Grundlage für Ihre Zeichenpraxis.

# Übung 1: Selbst überlegtes Visualisieren

## Der gezeichnete »Geburtstagsstrauß« – Wie ich eigene Inhalte visuell darstellen kann

Jeder Anlass ist eine Gelegenheit, ein schnelles Bild zu machen. Zeichnen Sie für einen Menschen, den Sie mögen, einen »Geburtstagsstrauß« auf ein DIN-A4-Blatt oder einen Flipchartbogen. Das muss nicht ein konkreter Strauß sein. Es könnte ebenso eine Sammlung von guten Wünschen sein, die Sie dem anderen übermitteln möchten. Sie könnten diese beispielsweise in einer Netzwerkstruktur darstellen. Das Geburtstagsbild könnte zeigen, warum Ihnen am Geburtstagskind viel liegt oder warum Ihnen dieses Ereignis wichtig ist.

Machen Sie zunächst eine schnelle Skizze auf ein DIN-A4-Blatt, in dem Sie sich klarmachen, welche Inhaltspunkte und Piktogrammelemente Sie verwenden wollen, und wo Sie diese auf Ihrem Geburtstagsbild anordnen können. Zeichnen Sie eine Bildstruktur, in die Sie Textelemente zur Erklärung einfügen. Wenn Ihnen Ihr Bild gefällt, können Sie es für eine Berufskollegin oder einen Kollegen in ihrem beziehungsweise seinem Büro aufhängen.

BEISPIEL ZU ÜBUNG 1:

# Übung 2: Bildprotokoll mit Aussagen anderer

## Visualisieren eines Telefongesprächs – Meine erste visuelle Gesprächsnotiz

Schreiben Sie die wichtigsten Gesichtspunkte eines Telefongesprächs in Stichwörtern mit. Zeichnen Sie nach dem Gespräch auf Ihrer Notiz Rahmen um die Stichpunkte, die in einem Bild vorkommen sollen, und unterstreichen Sie dabei die Worte, die Sie in Ihr Bild einbauen wollen. Das Schlüsselwort, das Sie als Einstieg in Ihr Bild wählen, können Sie doppelt unterstreichen.

Achten Sie darauf, dass Sie zu jedem wichtigen Inhaltspunkt des Gesprächs eine in sich abgeschlossene Informationseinheit bilden. Am besten verwenden Sie für die Rahmen und zum Unterstreichen in Ihrer verbalen Notiz unterschiedliche Farben für die verschiedenen Informationseinheiten.

Zeichnen Sie zu jeder Informationseinheit ein gesondertes Bild. Zeichnen Sie zuerst die Bildstruktur und integrieren Sie dann die Stichworte. Achten Sie dabei auf Fragen wie: In welcher Weise hängen die Stichworte zusammen? Welche davon sind wichtig und oben oder als Basis unten zu zeichnen? Welche Farben sind für diese Stichworte geeignet zur Unterscheidung voneinander oder um ihre besondere Bedeutung zu unterstreichen?

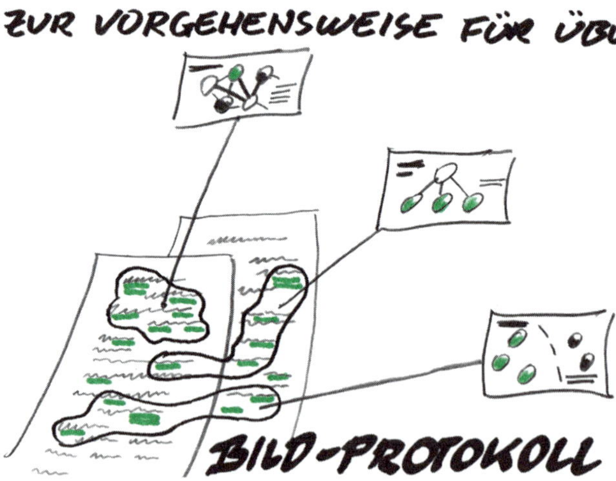

# Übung 3: Eine Präsentation visuell vorbereiten

Ideal ist es, wenn Sie in nächster Zeit einen Bericht in einer Teambesprechung, einen Input für ein Seminar, eine Präsentation für ein Projekt, einen Vortrag im Studium oder eine Unterrichtsstunde halten müssen. Dann können Sie die Inhalte für diese Übung nutzen. Wenn das nicht der Fall ist, könnten Sie zum Thema »Jahresrückblick« eine Präsentation vorbereiten oder zum Rückblick auf die Karriere eines Kollegen, der das Unternehmen verlässt.

- Sammeln Sie zunächst alle wichtigen Gesichtspunkte oder Etappen, die Ihnen zum gewählten Thema einfallen.
- Machen Sie zu jedem dieser Inhalte ein Bild auf eine Karte (DIN A6): pro Karte eine in sich abgeschlossene Informationseinheit.
- Hängen Sie eine Anzahl leerer Flipchartpapiere nebeneinander an die Wand und kleben Sie Ihre Karten mit Klebeband zunächst spontan so darauf, dass mehrere Karten ein Themenfeld bilden. Wenn die meisten Karten zugeordnet sind, versuchen Sie diese zu gruppieren nach zeitlicher Abfolge, Einfluss der Inhaltsfaktoren aufeinander, Zusammengehörigkeit, Bedeutung und so weiter.
- Versuchen Sie sehr unterschiedliche Anordnungen der Karten auf den verschiedenen Flipchartpapieren zu erreichen, sodass die Charts anschließend verschiedene Strukturen zeigen, die sich möglichst deutlich voneinander unterscheiden.
- Überprüfen Sie, ob die Reihenfolge der Flipcharts passt.
- Überlegen Sie, ob Sie Strukturen zwischen den Gesichtspunkten visualisieren können, zum Beispiel verbindende Linien zwischen einzelnen Karten, die inhaltlich stärker zusammengehören oder chronologisch aufeinander aufbauen.
- Überlegen Sie sich passende Titel für Ihre Charts und nach Bedarf auch einen zusammenfassenden Satz. Sie können diese zunächst auf Klebezettel schreiben und an die Flipcharts heften. Achten Sie dabei darauf, dass die Titel und die zusammenfassenden Textelemente aufeinander aufbauen und eine gute Dramaturgie im Nacheinander der Charts ergeben.

- Wenn alle Titel und Textelemente formuliert und auf den Charts platziert sind, nehmen Sie die Charts von der Wand, legen Sie diese mit einer Unterlage auf einen Tisch und schreiben Sie die entsprechenden Titel und Textelemente darauf.
- Zeichnen Sie auch gleich die Strukturen zwischen die Karten, wenn Sie sich solche überlegt haben.

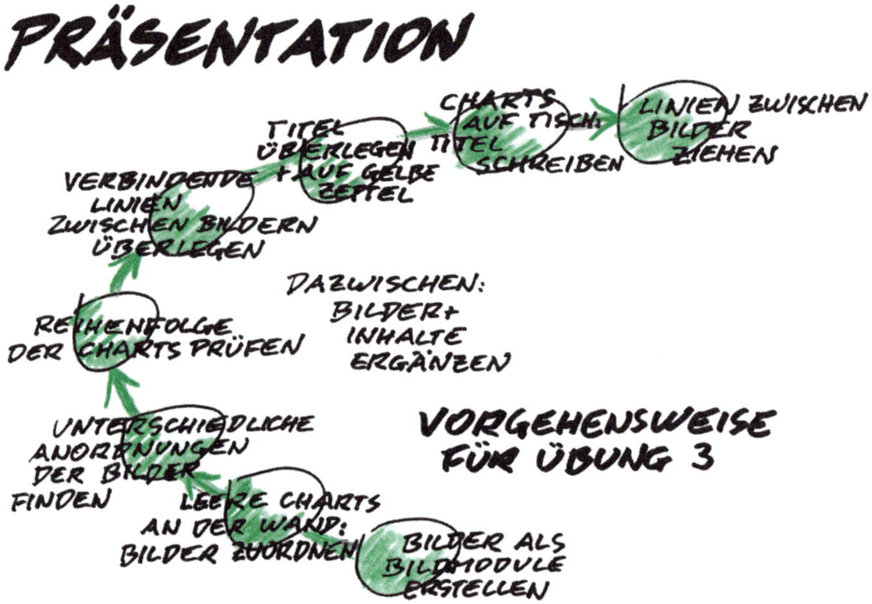

## Übung 4: Ich zeichne eine Bildergeschichte

Zeichnen Sie alleine für sich eine Bildergeschichte, in der Sie Ihre Lieblingsbeschäftigung oder Ihr liebstes Hobby beschreiben. Zeichnen Sie Piktogramme dazu. Überlegen Sie, welche Qualitäten Ihr Hobby hat, wann Sie es betreiben, was Ihnen daran am besten gefällt, und integrieren Sie Stichworte und Textelemente. Zeichnen Sie all dies auf eines oder mehrere DIN-A4-Papiere. Auf einem Blatt können Sie mehrere Piktogramme anordnen und diese – soweit sie abgeschlossene Informationseinheiten darstellen – jeweils mit einem Rahmen versehen.

Es ist hilfreich, zuerst Gesichtspunkte auf gelbe Klebezettel zu notieren und diese dann auf Ihrem Blatt anzuordnen. Sie können aber Ihre Bildergeschichte gleichermaßen in Etappen auf mehreren Blättern immer genauer präzisieren.

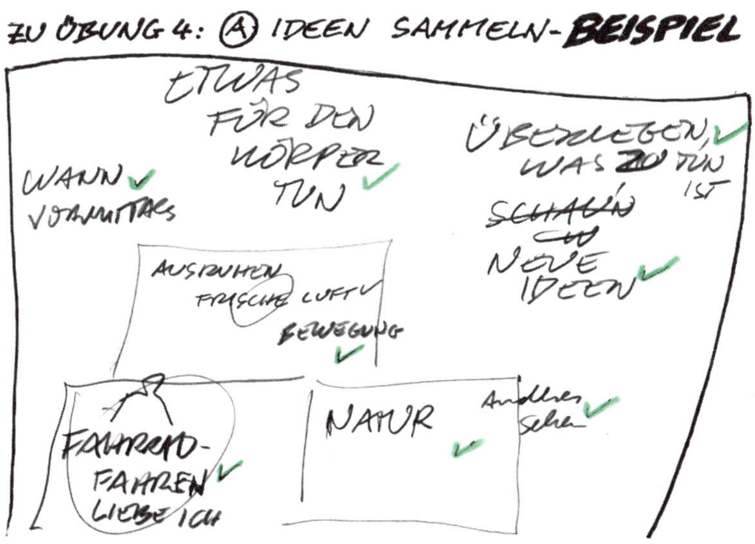


Zeigen Sie Ihre Bildergeschichte einer Freundin und lassen Sie sich von ihr erklären, was sie in der Bildergeschichte erkennt.

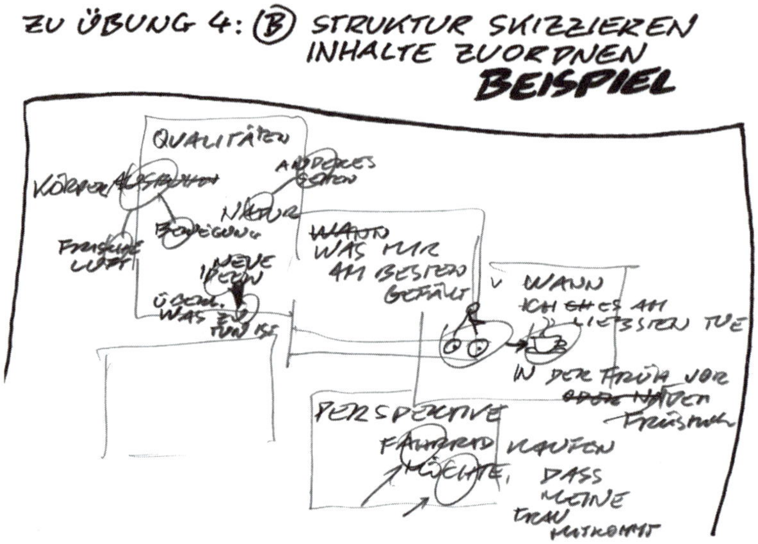


Wenn die Beschreibung Ihrer Freundin nicht mit dem übereinstimmt, was Sie mit Ihrem Bild ausdrücken wollten, dann korrigieren Sie Ihre Zeichnung, sodass Ihre Freundin alles in Ihrem Sinne richtig verstehen kann. Zeichnen Sie die optimierte Bildversion auf ein gesondertes Blatt oder auf einen gelben Haftzettel, den Sie zum Ausgangsbild dazukleben. Überlegen Sie, wodurch Sie Ihre Zeichnung verbessert haben.

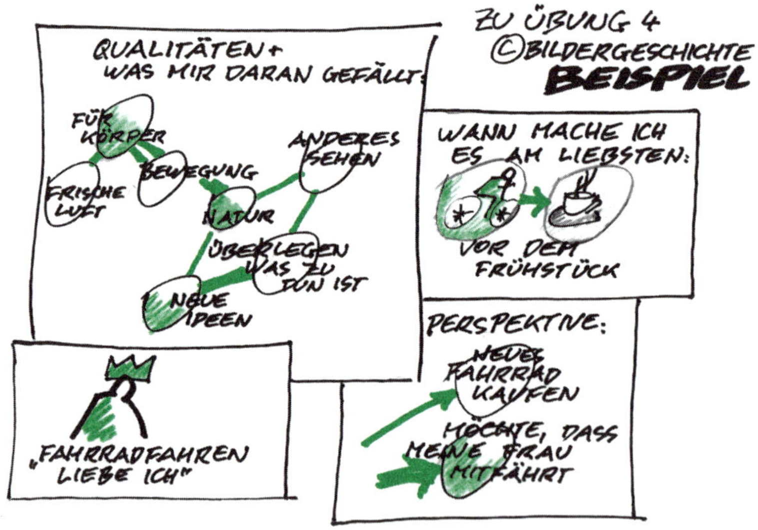

# Übung 5: Ein visuelles Zweiergespräch

Laden Sie eine Freundin, jemanden von Ihrer Familie oder einen Kollegen ein, den Sie mögen. Erklären Sie ihr oder ihm, was für Sie die größte Herausforderung ist. Oder erzählen Sie von einem besonderen Wunsch oder von Ihrer Zukunftsvision. Das könnte das Berufsleben, ein Projekt oder Ihre Privatsphäre betreffen. Fragen können sein:

- Was genau ist Ihr Anliegen, über das Sie sprechen wollen?
- Wie sind Sie dazu gekommen? Haben Sie schon Erfahrungen in dieser Richtung gemacht?
- Wie könnte Ihr Anliegen realisiert werden?
- Welche Unterstützung müssen Sie dafür finden, wo brauchen Sie Hilfe?

Zeichnen Sie das, was Sie sagen, beim Sprechen parallel mit und erklären Sie Ihrem Gegenüber sofort, was Sie mit den gerade entstehenden Bildelementen zum Ausdruck bringen wollen. Bitten Sie Ihr Gegenüber, Fragen zu stellen, falls etwas nicht verständlich ist. Versuchen Sie Ihre Antwort zuerst zu zeichnen und dann das Gezeichnete zu beschreiben. Wenn Sie etwas nicht gleich zeichnen können, fragen Sie Ihren Gesprächspartner oder Ihre Gesprächspartnerin, ob sie oder er dazu Bildideen hätte. Entwickeln Sie so Ihre Zeichnung gemeinsam.

Falls Bildteile zu verbessern sind, zeichnen Sie die optimierte Version einfach daneben und verweisen Sie mit einem Pfeil, von welcher Ausgangszeichnung Sie zu welcher verbesserten Version gekommen sind. Dokumentieren Sie diesen Vorgang des Erzählens, Fragens und Antwortens möglichst genau und lückenlos in Ihren Bildern.

Sehen Sie am Schluss mit Ihrem Dialogpartner das Entstandene noch einmal durch und überlegen Sie, wo Sie in der Zeichnung durch den Input des anderen zu klareren Vorstellungen, neuen Ideen oder anderen Möglichkeiten gekommen sind. Besprechen Sie gemeinsam mit Ihrem Gast anhand der Bilder, wie sich Ihre Vorstellung durch die Fragen zum Bild und durch Ihre bildlichen Antworten präzisiert, vielleicht auch verändert oder eine ganz andere Richtung genommen haben, als Sie zunächst dachten.

Häufig erleben die Teilnehmer in dieser Übung, dass im Gespräch etwas entstanden ist, auf das sie alleine nie so gekommen wären.

# Schlusswort

Immer wieder hören wir: »Der Mensch denkt in Bildern« oder »Ein Bild sagt mehr als tausend Worte«. – Tatsächlich haben Bilder seit jeher große Bedeutung für die Darstellung von Wissen, den Austausch von Informationen und das Etablieren von Kommunikations-Ritualen.

Conrad Gessner (1516–1565), einer meiner Vorfahren und einer der Ersten, die Pflanzenbestimmungsbücher zeichneten, beschrieb in seinen Bildern Pflanzen und Tiere mit ihren einzelnen unterschiedlichen Bestandteilen. Verarbeitbare Wissenselemente entstanden.

Durch Zeichnen, wie wir es mit diesem Buch üben können, schließt sich der Kreis: Während Gessner Bilder nutzte, um Beobachtetes unterscheidbar zu machen und zu klassifizieren, ist es heute wichtig geworden zu zeichen, um Klassifiziertes und Spezialisiertes wieder zusammenzuführen.

Mit Bildern verstehen wir Zusammenhänge leichter und verknüpfen Einzelelemente im Überblick und in gesamtheitlicher Sicht. So hilft uns Zeichnen das an vielen Stellen verloren gegangene Verständnis für die Einheit der Dinge wiederzugewinnen.

Bilder erleichtern den häufig schwierigen wohlwollenden Dialog zwischen hoch spezialisierten Fachbereichen und Fachsprachen sowie zwischen unterschiedlichen Kulturen und Interessen. Durch Visualisierung ist es hier möglich, schnell zu erkennen, ob Gesprächspartner die gleichen Bilder verfolgen. Es wird leichter sichtbar, wie wir Wege finden können, um unterschiedliche Bilder zu einem gemeinsamen Muster zusammenzuführen. Das hat in der aktuellen Welt besondere Bedeutung. Prozesse des Dialogs, der Zusammenarbeit und des Lernens, die oft verbal nicht optimal zu realisieren sind, erhalten so durch Bilder neue Dimensionen. Künstlerische Perspektiven können in Geschäftsprozesse eingeführt werden.

In vielen Projekten in Unternehmen, öffentlichen Verwaltungen und internationalen Organisationen habe ich erlebt, wie Dialog und Zusammenarbeit durch bildgestützte Vorgehensweisen schneller und effektiver gestaltet werden können. Das macht es interessant für uns, Zeichnen als Werkzeug zu üben und einzusetzen.

# Zum Autor

Nach verantwortlichen Tätigkeiten in Forschung, Entwicklung, Lehre und Medien berät und begleitet Hans-Jürgen Frank seit über 15 Jahren Organisationen in Projekten und Veränderungsprozessen. Mit seinem Team und einem Netzwerk von Partnern unterstützt er seitdem Unternehmen, öffentliche Verwaltungen, Nichtregierungsorganisationen und Regierungen. Seine besondere Expertise liegt dabei: in der Nutzung kreativer und innovativer Potenziale, im Aufbau von computergestützten virtuellen und persönlichen Netzwerken, sowie in der Erschließung von Vorbildern aus der Natur für Organisationsentwicklung, Zusammenarbeit, Team- und Persönlichkeitsbildung. Er entwickelt und implementiert Instrumente für neue Geschäftsprozesse, für optimierte Zusammenarbeit sowie für die gemeinschaftliche Generierung von Wissen und den interaktiven Austausch von Erfahrungen.

Er hat dafür zahlreiche neue, innovative Methoden und Werkzeuge entwickelt und damit die Grundlagen für einen neuen Beruf geschaffen: Der Dialogarchitekt®; hat das Ziel mitzuhelfen, den demokratischen Verantwortungsraum zwischen Individuen, Unternehmen und Regierungen aktiv und dynamisch zu füllen. Für Projekte und Workshops war Frank tätig in den USA, in Kanada, Südafrika, China, Großbritannien, Schweiz, Österreich, Italien, Schweden, Irland, Niederlande, Türkei und in Deutschland.

Eines seiner zahlreichen Werkzeuge ist das Zeichnen. Dieses nutzt er nicht als Illustration, sondern als ein Dialogwerkzeug und als ein Mittel für aktives Zuhören und gemeinsames Handeln zwischen unterschiedlichen Kulturen und Interessen.

Hans-Jürgen Frank hat zehn Jahre Lehrerfahrung an Hochschulen und Universitäten, zum Beispiel Universität Tübingen, Universität Bamberg, Akademie der Bildenden Künste Nürnberg, Fachhochschule München und er hält Vorträge und Key Notes auf internationalen Kongressen.

Er studierte an Hochschulen in München, Innsbruck, s'Hertogenbosch, Genf und Paris und machte Abschlüsse in Kunstpädagogik (Co-Creation-Processes), Architektur (virtuelle Wissensräume), Human-Ökologie (Best Practices für Unternehmen und Organisationen).